독일 통일 20년

독일 통일 20년

이기식

고려대학교출판부
KOREA UNIVERSITY PRESS

머리말

독일 통일은 21세기를 살아가는 많은 독일인들의 삶에 커다란 영향을 끼쳤다. 그리고 그 영향은 당분간 많은 독일인들에게 지속될 것이다. 특히 동독인들에게 미친 영향은 서독인들에게보다 더 크며 더 오래 지속될 것이다. 통일의 행복은 잠깐에 그쳤고 수많은 동독인들은 그 뒤를 바로 따라온 실업과 가난에 시달리고 있기 때문이다. 그리고 이 가난은 다음 세대에까지 이어질 가능성이 크다. 그렇다고 서독인들에게 미친 영향이 결코 작은 것은 아니다. 통일 후에 서독에서도 빈곤층이 늘어났고 미래에 대한 불안이 중산층에 이르기까지 광범위하게 퍼졌다. 튼튼하던 사회안전망이 많이 축소되었고, 일자리도 불안해졌다.

통일은 세계화, 동유럽으로의 유럽연합 확장과 어우러져 독일인들에게 영향을 미쳤다. 그래서 그 영향력은 더 깊어지고 더 확대되어 많은 사람들에게 퍼져나갔다. 많은 기업들이 노동 임금이 싼 중국이나 동유럽으로 이전해 갔고 앞으로도 외국으로 이전할 가능성이 크다. 노동자들은 자진해서 임금을 삭감하고 공장이 독일에 남아 있도록 제안하기도 했다. 때로는 그

협상이 성공하기도 했지만, 아에게(AEG)와 노키아(Nokia) 등은 공장을 동유럽으로 이전했다. 그 결과 수천 명의 실업자가 생겨나거나 임금이 줄어들었다. 역사와 전통을 자랑하던 독일 노동조합도 이 문제만큼은 해결할 수 없었다. 노동조합의 영향력은 작아지고 조합원 수는 감소하고 있다.

세계화와 유럽연합의 동유럽 확장이 9 · 11테러와 겹치면서 정치적으로는 좌파 정당이 약해지는 결과를 가져왔다. 이런 현상은 유럽 전역에 나타나 현재 좌파 계열의 정당이 여당으로 있는 곳은 스페인뿐이다. 부의 분배, 실업자 문제, 사회 안전망 등에서 좌파 정당이 우파 정당보다 정책적 강점이 있다는 믿음이 무너진 결과이다. 9 · 11테러 이후, 사회 안전이 개인의 자유보다 더 중요하다는 생각이 유럽 전역에 넓게 퍼지게 되었다. 또 외국인에 대한 관대함도 줄어들었다. 외국인과 같은 소수 집단에 대한 배려를 많이 하는 좌파 정당의 세력이 줄어들면서 외국인들에 대한 우호적 분위기도 바뀐 것이다.

이렇게 보면 오늘날 유럽인의 삶에 영향을 끼친 정치적, 경제적 사건은 9 · 11테러, 세계화, 그리고 동유럽으로의 유럽연합 확장이라고 할 수 있다. 개인의 삶과는 거리가 있어 보이던 이 거대한 사건들이 실제로는 개인의 삶을 통째로 바꾸는 결과를 가져온 것이다. 그런데 독일인들의 경우는 여기에 통일 요소가 하나 더 포함된다. 현대 독일을 알려면 세계화, 유럽연합. 9 · 11테러 그리고 독일 통일을 알아야 한다. 오늘날 독일의 많은 정책들은 이런 요인들에 의해서 규정되고, 또 사회적 문화적 현상들도 이들과 직간접적으로 연관되어 있다.

이렇게 보면 독일의 통일을 이해하는 것이 현대 독일 사회를 이해하는데 아주 중요하다는 것을 알 수 있다. 통일 그 자체가 아니라 통일로 인해서 생겨난 많은 변화들을 알 수 있는 지름길이 될 수 있기 때문이다. 독일이 통일된 지 벌써 20년이 되었다. 독일의 통일을 바라보는 시각은 여러 가지가 있다. 이 책에서는 통일 후 동독 변화를 중심으로 독일 통일을 평가하려고 한다. 통일 후에 동독인들의 삶은 어떻게 변했는가, 그들의 경제적 사정은 어떻게 바뀌었는가, 그들은 지금 무슨 생각을 하면서 살아가는가, 또 어떤 희망을 품고서 살아가는가. 이런 것들을 중심으로 동독의 변화된 사정을 살펴보고자 한다.

통일 후 동독 사회를 규정 짓는 것은 세 가지이다. 빈곤, 이향, 외국인 혐오증이다. 동독인들은 우선 가난하다. 그래서 고향을 떠난다. 떠나지 못한 사람들은 외지에서 온 사람들을 혐오한다. 이것이 통일 후 동독 사회의 특징이다.

첫째 동독인의 삶을 결정짓는 것은 빈곤이다. 통일 전 동독은 사회주의 국가 중에서는 가장 부자였고, 주민들의 생활 수준은 영국 중산층에 맞먹는다는 말이 있었다. 통일이 되었을 때 서독의 복지를 누릴 수 있다고 믿었다. 그런데 그 예상은 완전히 빗나갔고 가난과 함께 평생을 살아야 된다는 실망감이 대신 자리를 잡았다. 그리고 그 가난과 함께, 서독인보다 못한, '이등 국민' 열등감을 벗어날 수 없을 것이라는 절망감까지 떠안았다.

두 번째로 동독 사정을 규정짓는 것은 고향을 떠나는 사람들이다. 고향에 머물고 싶지만 일자리가 없어 서독으로 향하는 것이다. 가난을 피해 더 나은 미래를 위해서 타향으로 떠나는 사람들이 통일 후에도 여전히 그치지 않고 있다. 고향을 떠난 이들은 학력이 높고 자격증을 갖춘 젊은이들이 많다. 특히 일자리가 상대적으로 적은 도시에서 이향 현상이 더 심각하다. 그래서 그런 작은 도시들은 앞으로 도시 자체가 어떻게 될지 모른다. 더 황폐화될지 아니면 현상 유지라도 할지 미래가 불분명하다. 예를 들어 동독 작센주의 많은 사람들이 바이에른주로 일자리를 찾아 많이 이주했다. 그래서 나온 말이 작센주 외부에 있는 가장 큰 작센주는 바이에른 안에 있다고 할 정도이다. 이들은 그 곳에서 주로 고향 사람들을 만난다.

세 번째로, 동독에 남아 있는 사람들은 타지에서 온 사람에 대한 적대감이 많다. 대상은 서독 사람일 수도 있고 외국인일 수도 있다. 동독 사람이 아니면 모두가 미움의 대상인 것이다. 특히 아시아계를 비롯한 유색인종에 대한 혐오는 아주 심하다. 통일 이후에 지금까지 벌어진 일련의 외국인에 대한 테러가 그것을 말해 준다. 동독에서의 외국인 테러는 서독의 그것과는 차이가 난다. 주민들의 많은 지지를 받은 상태에서 외국인에 대한 테러를 하는 것이다. 더욱이 그것이 얼마나 나쁜지를 모른다는 사실이다. 고향을 떠나지 못하는 사람들은, 자격증이 없거나 학력이 낮아 다른 곳에서 직장을 구하기 힘들 사람들이 많다. 이들이 표현하는 독일인의 '긍지'와 '고향'을 사랑하는 방식은 좀 특이하다.

통독 후 동독을 평가하는 시각은 다양하다. 독일의 장래에 대한 불안 요인으로 보기도 하고, 통일 정책 실패의 결과로 평가하기도 하고, 서독의 식민지로 보기도 한다. 독일의 새로운 미래를 다짐하는 초석으로 보는 시각도 있다. 나름대로 일리 있는 주장이다. 이 책에서는 통독 후 동독에 대한 논쟁적, 이데올로기적 시각을 가능한 한 피하고자 했다. 이를 위해 필자는 중립적 연구 기관이 조사한 통계를 많이 사용했다. 물론 통계 자료 자체가 언제나 중립적인 것은 아니다. 필자는 많은 통계 자료를 사용하여 주관적 또는 감정적 평가를 벗어나, 좀더 현실적으로 동독을 바라보고자 했다. 이는 한국인의 입장에서 동독을 이해하려는 노력이 일환이다.

차례

II. 통일을 둘러싼 동서독 사이의 갈등

도표·표 목록

BUNDESREPUBLIK DEUTSCHLAND

BRANDENBURG
MECKLENBURG-VORPOMMERN
FREISTAAT SACHSEN
SACHSEN-ANHALT
FREISTAAT THURINGEN

BERLIN

BADEN-WURTTEMBERG
FREISTAAT BAYERN
HANSESTADT BREMEN
HANSESTADT HAMBURG
HESSEN
NIEDERSACHSEN
NORDRHEIN-WESTFALEN
RHEINLAND-PFALZ
SAARLAND
SCHLESWIG-HOLSTEIN

I.

통독 후 동독 사회의 세 가지 특징 : 가난, 이향, 외국인 혐오증

1. 동독 문제의 핵심은 가난이다

1) 실업이 가난의 근본 원인

동서독을 가르던 베를린 장벽은 1989년 11월 9일 마침내 무너졌다. 당시 베를린 시장이었던 몸퍼는 "독일인은 세상에서 가장 행복만 민족이다"라고 외쳤다. 독일인들은 베를린 장벽에 올라 기쁨의 눈물을 흘렸고, 또 40년간 그들을 갈라놓았던 장벽을 망치로 때려 부수기도 했다. 그리고 1년 뒤 독일 정부는 1990년 10월 3일 동서독 통일을 공식적으로 선언함으로써, 우리나라의 개천절에 독일도 '개천'하였다. 동독 공산정권의 독재에 해방되어, 새로 누리게 된 자유와 희망에 들떠 잠 못 이루던 당시 동독인들은 얼마나 행복했던가.

독일이 통일된 지 어언 20년이 흘렀다. 역사의 주인공들 중 상당수는 연금 생활자가 되었고, 당시 태어난 아이들은 대학생이 되었다. 20년 전 흘렸던 행복의 눈물은 그사이 수많은 동독 사람들에게는 회한의 눈물로 바뀌었다. 당시의 행복을 간직하고 사는 사람은 소수에 불과하다. 그 원인은 무엇인가. 동독 사회가 통일 후, 기대와 다르게 변화되었고, 많은 동독인들이 가난하게 살고 있기 때문이다. 이들은 통일만 되면 '서독인들처럼' 잘살 수 있을 것이라고 소박하게 믿었다. 그들은 동독 체제하에서 자본주의의 냉혹함을 배웠음에도, 그것을 믿으려고 하지 않았다. 동독인들은 콜 수상의 약속, 즉 5년 이내에 서독의 복지를 누리게 해 주겠다는 약속만을 철석같이 믿었다. 당시 동서독 지식인들은 자본주의의 냉엄함을 경고했지만, 동독인들은 통일을 반대하는 사람들이라고 오히려 질책했다.

동독인들은 통일 전에도 통일 후에도 서독인들에 비해서 가난하다. 그건 누구도 부인할 수 없는 엄연한 현실이다. 통일이 되면 서독 사람처럼 잘살 줄 알았다. 그렇지만 수많은 동독인들은 가난의 굴레를 벗어나지 못하고 있다. 동독 사람들의 자산과 소득이 서독 사람들보다 적고 실업자가 상대적으로 많기 때문이다. 수많은 동독 사람들은 통일 후 갑자기 실업자가 되었다. 또 어렵게 새로 취업을 했더라도 대부분 소득이 기대만큼 되지 않았다. 통일이 되면 삶의 질은 자연스럽게 서독처럼 높아질 줄 알았다. 당시 콜 수상도 그렇게 약속하지 않았던가. 그런데 서독 수준의 복지는 차치하고서라도 이렇게 가난에 시달릴 줄은 아무도 몰랐다.

물론 실업자가 되었더라도 운이 좋으면 바로 일자리를 찾았다. 그렇지만 많은 경우 운좋게 일자리를 찾아도 비정규직이거나 일용직이었다. 또는 나이든 사람들인 경우 실업 상태로 계속 있다가 연금 상태로 바로 들어간 동독인들이 수없이 많다. 이렇게 장기간 실업 또는 반실업 상태로 있으면 연금 수령액도 많이 줄어들게 된다. 연금 납부액이 적었기 때문이다. 이렇게 하여 실업에 의한 젊은 시절의 가난은 노후의 가난으로 이어진다. 또 그 가난은 당대에 그치지 않는다. 만약 자식이 있다면 본인의 가난은 자식의

도표 1. 동독의 공업 생산지수 변화(이태욱, p. 129)

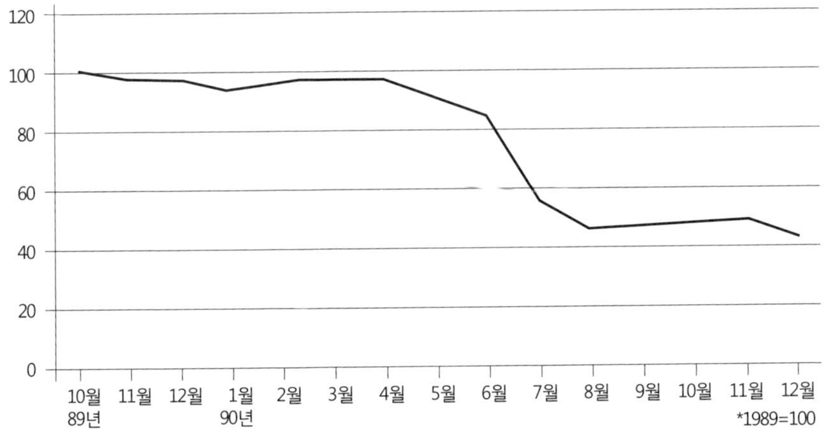

가난으로 대물림할 가능성이 아주 높다.

1990년 7월 1일자로 동서독 화폐연합이 실행되자 동독의 공업 생산성은 위의 그래프에서 알 수 있듯이 폭락한다. 1989년을 100으로 잡았을 때, 1990년 4월에 97이던 것이 6월에 86, 7월에는 56으로 폭락하고 만다. 이렇게 공업생산성이 갑자기 떨어진 이유는 동서독 화폐교환 비율 때문이고, 또 실업자가 동독에서 급증한 원인도 그 때문이다.

당시 공식적으로는 4.4동독마르크(DDM)가 1서독마르크(DM)로 교환되었다. 하지만 암시장에서는 10동독마르크가 1서독마르크로 교환되었다. 동서독 화폐연합이 논의되던 때, 서독의 전문가들은 동서독 화폐의 1:1 교환은 불가능하며, 정치적 요인을 고려하더라도 2:1 또는 3:1로 교환해야 된다고 수상했다. 콜 수상은 자신의 정책에 반대하던 연방은행장을 교체하고 1:1 교환을 강행했다. 여기에 대해서 동독 주민은 '구세주' 콜 수상에게 환호했고 기민당에 표를 몰아 주어 '고마운 마음'을 표시했다. 콜 수상이 재

집권할 수 있었던 것은 동독 주민들의 몰표 때문이었다.

동독 사람들에게 당시 가장 중요한 것은 서독마르크를 갖는 것이었다. 서독마르크만 가지면 모든 것을 구할 수 있었기 때문이다. 항상 소비 물품 부족에 시달리던 동독인들로서는 서독마르크가 모든 문제의 해결책이었다. 서독마르크만 가지면 공산당 특권층만 출입하던 '인터숍'에서도 서독 물품을 살 수 있었다. 그래서 동독인들은 데모를 할 때 "서독마르크야 내게 오너라. 그렇지 않으면 내가 네게로 가련다"라고 외쳤다. 이 말은 서독마르크를 동독에 도입하지 않으면 동독인들이 서독으로 이주하겠다는 말이었다. 이 구호는 서독 정부를 바짝 긴장시켰다.

통일 당시 가장 중요한 과제는 동독인들이 대량으로 서독으로 이주하는 것을 막는 것이었다. 정책의 가장 우선 순위가 거기에 있었다. 만약 대량으로 이주하게 되면 주택 문제, 교육 문제, 취업 문제 등이 한꺼번에 발생하기 때문이다. 콜 수상이 화폐 교환 비율을 정치적으로 결정한 이유는 바로 이 때문이다. 자신의 집권도 연장하고 동독인의 서독 이주를 막을 수 있기 때문이다. 대략 계산해 보면 당시 동독 노동자의 월급이 서독의 반이었다. 여기에 화폐교환 비율이 만약 3:1로 이루어진다면, 월급 차이는 동서독 간에 6배가 된다. 수많은 동독 사람들이 더 많은 월급을 받으려고 서독행을 택할 것이었다.

그래서 콜 수상이 정치적으로 결정을 내려 개인의 경우 일정한 금액까지는 1:1로 바꾸어 주고 그 이상은 2:1로 교환할 수 있게 했다. 그런데 바로 이런 정치적 결정 때문에 동독 산업은 몰락하고 수많은 동독 노동자들은 순식간에 실업자가 되었다. 동독인들은 1:1 화폐 교환이 어떤 결과를 가져오리라고는 전혀 생각하지 못했다. 자신들이 원했던 화폐 교환 비율이 자신을 실업자로 만들었다고 해도 과언이 아니다. 〈도표 2〉에서 보듯이 동독

도표 2. 통일 후 급속히 늘어나는 동독의 실업률(Sorg, p.23)

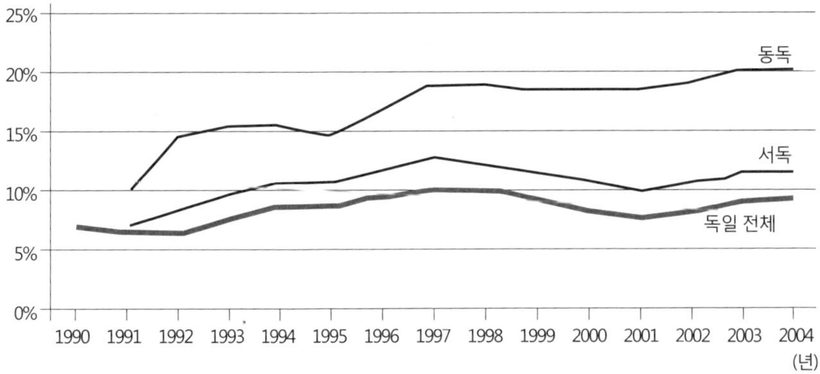

의 실업은 통일 이전의 제로 상태에서 1년 만에 10.2%로 폭증한다. 다시 1년 만에 50%가 증가하여 실업률은 14.4%가 된다. 일자리를 찾아 서독으로 떠난 사람들과 비정규직 취업 등을 감안하면 실제 상황은 이것보다 더 심각하다.

통일 전 동독인들은 실업이 뭔지를 몰랐다. 모든 것을 국가에서 챙겨 주었기 때문이다. 만약 한 기업이 문을 닫게 되면, 정부는 그 종업원들은 다른 회사로 옮겨 일하게 했다. 본인의 전공 분야든 아니든 상관없었다. 그냥 정부가 마련해 준 책상에 앉아 있으면 월급이 나왔다. 노동 시간 중에 생필품을 사러 간다면서 가게문 앞에서 몇 시간을 소비해도 상관없었다. 실제로, 동독 노동자들은 노동 시간의 1/3을 가게 앞에서 기다리면서 보냈다고 한다.

당시 동독 정부는 실업은 자본주의 사회에서만 있는 현상이라고 선전했다. 동독 정부 통치하에서는 실업을 보르고 살았기 때문에 그들은 서독인들에 비해서 실업 상태를 훨씬 더 비통하게 느꼈다. 또 실업 상태에서 벗어나려면 어떻게 준비해야 되는지, 어떻게 구직 정보를 얻는지, 어떻게 인터

뷰를 해야 되는지 등에 대해서 완전히 무지했다. 정부가 하라는 대로 살아왔기 때문에, 스스로 어떤 결정을 내리고, 그것을 행동에 옮기고, 그 행동에 대해 책임지는 것을 몰랐다.

동독에서 일상생활은 우리나라에서처럼 직장을 중심으로 이루어졌다. 휴가와 여가활동뿐 아니라 취미활동 등 거의 모든 개인 생활이 직장을 중심으로 이루어졌다. 그래서 이들의 실업은 일상생활까지 완전히 위축시키는 결과를 가져왔다. 실업 상태에서는 개인이 갖고 있는 능력을 발휘할 수가 없고 사회생활 또한 제한될 수밖에 없다. 이렇게 동독인들은 실업자가 되면서 삶 자체가 완전히 와해되어 버린 것이다.

반면에 서독인들의 경우에는 직장생활과 개인생활이 완전히 나누어져 있었기 때문에 동독인과는 사정이 다르다. 즉 서독인들의 경우는 공과 사가 분리되어 있어서, 직장이 여가생활에서 차지하는 부분은 동독이나 우리나라와 비교할 수 없을 만큼 적다. 그래서 실업자가 되더라도 그 충격이 동독인에 비해서는 작은 편이다. 또 실업이 무엇인지를 어릴 때부터 동네에서 학교에서 배워 왔다. 어떻게 새 직장을 찾을 수 있는지도 동독인에 비해서 훨씬 더 잘 알고 있다. 통일 후 20년이 지난 현재 동독의 실업률은 여전히 서독의 2배에 가깝다. 그리고 동독의 실업이 서독 수준으로 떨어질 가능성은 당분간 없다.

동독인들의 서독행을 막으려고 한 것은 서독 정부만이 아니었다. 베를린 장벽이 무너진 후에 명목상으로 작동하고 있던 동독 정부도 마찬가지였다. 어떻게 해서든 주민의 서독행을 막고 동독 체제를 유지하면서 다음 기회를 보려고 했다. 주민들이 대규모로 동독을 떠나지 않으면 체제를 안정시킬 수 있다고 믿었기 때문이다. 그래서 우선 노년층의 환심을 사려고 연금을 무려 17% 올려 주었다. 이것은 그렇지 않아도 동독의 어려운 경제를 더 어렵게 만드는 원인이 되었다.

반면에 노동자의 임금을 억제하려고 노력했다. 하지만 동서독 협약에 따라 임금 협상은 노동 현장에서 노사 결정으로 정해지게 되었다. 그래서 노동자의 임금도 연금과 마찬가지로 폭등하게 되었다. 이는 화폐교환과 맞물려 물가가 폭등하는 결과를 가져왔다. 서독 노동조합도 동서독 정부와 마찬가지로 동독 노동자들이 서독으로 오는 것을 막으려고 했다. 노동력이 많이 공급되면 노동 단가가 떨어지기 때문이다. 그래서 서독 노동조합은 동독 노동자들의 임금투쟁을 많이 도와주면서, 그들이 그대로 동독에 살기를 바랐다. 그러고 보면 동독인들의 서독행을 반기는 사람은 별로 없는 셈이 된다.

〈도표 3〉은 동서독 간의 임금과 생산성 변화를 비교한 것이다. 통일 이후 동독의 생산성은 빠르게 증가한다. 1991년의 45%에서 3년 뒤인 1994년에는 무려 서독의 70%에 도달한다. 그 이후에는 아주 느리게 증가하는 것을 알 수 있다. 노동자의 임금도 이와 마찬가지로 급증한다. 1991년에

도표 3. 동서독 간의 임금과 생산성 변화 비교(Schroeder, p.205)

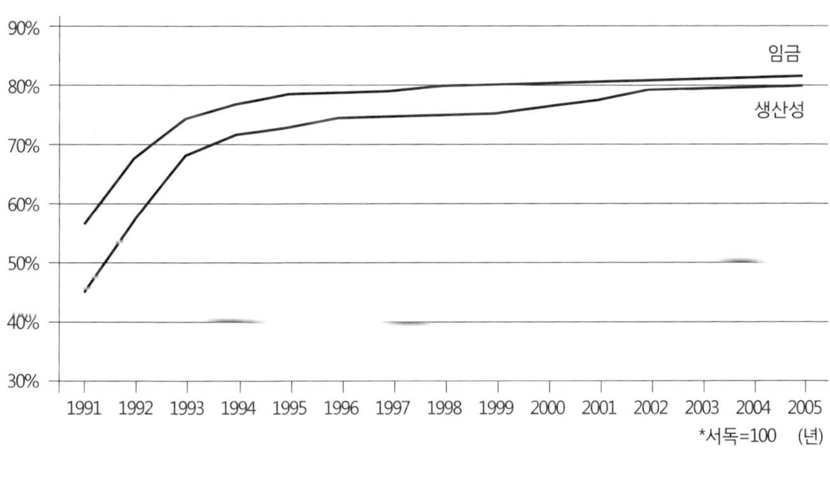

는 서독의 59%에서 4년 뒤인 1995년에는 80%에 도달한다. 그 이후에는 80% 수준에서 머물지만 생산성보다는 여전히 임금 상승률이 더 높은 편이다. 2005년 이후부터 지금까지 생산성도 임금 수준도 이 상태로 머물러 있다. 즉 생산성은 대체적으로 70% 수준, 임금 수준은 80%에서 큰 변화가 없다.

〈도표 4〉는 1990년 6월과 7월 사이 동독 지역의 물가 변동을 나타낸다. 즉 화폐연합을 전후한 단 한 달 사이의 가격 변동을 표시한 것이다. 통일 전 동독의 물가 정책은 생필품 위주여서, 생활에 꼭 필요한 물품에는 정부 보조금이 많이 지급되었다. 예를 들면 빵과 방세처럼 생존에 필요한 것은 정부가 보조금을 많이 지급하여, 동독에서의 기본 생활비는 아주 쌌다. 예를 들어 닭을 집에서 키운다면 빵을 사서 닭모이로 쓰는 것이, 직접 닭모이

도표 4. 화폐연합 후의 가격 변동(Schroeder, p. 167)

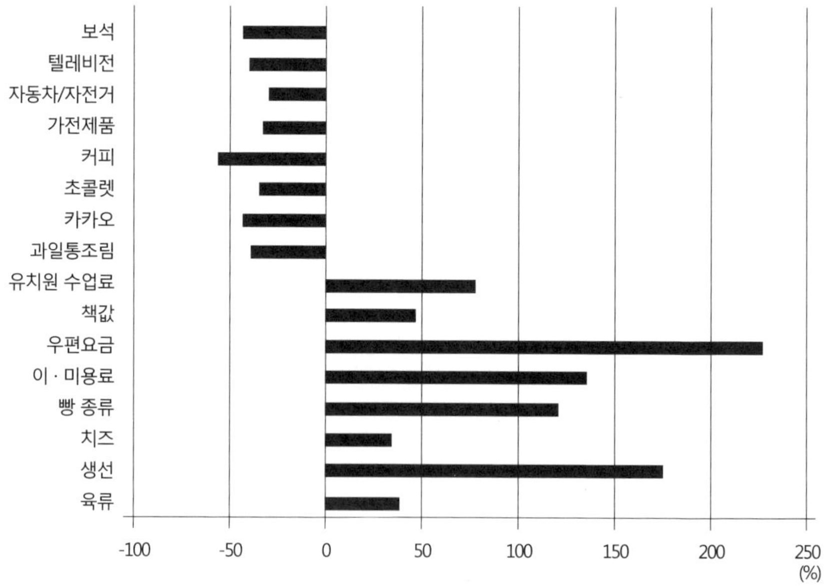

를 사서 주는 것보다 훨씬 쌌다. 빵값에는 정부 보조금이 많이 들어가 있지만, 닭모이에는 정부 보조금이 없기 때문이다. 또 가게에서 계란을 사서 계란 공판장에 들고 가면 정부 보조금을 받을 수가 있었다고 한다. 계란은 생필품으로 분류돼 있기 때문이다.

그러나 생필품이 아닌 기호품이나 사치품은 엄청난 세금을 매겨서 아무나 살 수 없게 만들었다. 서구에서는 그냥 일상품인 커피, 초코렛, 카카오 등은 동독에서 아주 비싼 물건이었다. 그래서 이런 품목들은 뇌물로 많이 쓰였다. 이런 기호품만 아니라 텔레비전과 카세트 겸용 라디오도 고급 품목으로 분류되어 아주 비쌌다. 예를 구체적으로 들어보자. 동서독 환율은 앞에서 보았듯이 그 계산이 쉽지 않다. 거기다 우리 돈으로 바꾸는 것도 환율변동 때문에 쉽지 않다. 여기서는 서독 1마르크는 오늘날 편의상 1/2유로로, 또 동독의 2마르크는 서독 1마르크로 계산한다. 현재 1유로가 1,500원 정도 하는 것을 감안해 보자. 1킬로그램 빵이 50센트(약 190원), 방 두 개짜리 방세가 75동독마르크(약 2만 8천 원)에 불과했다. 반면에 청바지는 135동독마르크(약 5만 원), 카세트 겸용 라디오는 노동자 월급에 맞먹는 1,160동독마르크(약 44만 원), 컬러 텔레비전은 월급의 무려 5배가 넘는 5,650동독마르크(약 210만 원)였다.

〈도표 4〉에서도 알 수 있듯이 동독 정부가 사치품으로 분류했던 것은 화폐연합 후에 값이 많이 떨어졌지만, 생필품 가격은 그 반대로 폭등했다. 정부 보조금이 사라졌기 때문이다. 빵값과 방세는 3-4배 정도 뛰었다. 우편요금은 228%, 생선은 176%로 가격이 폭등했다. 이 · 미용료는 136%, 유치원 교육비는 79.1%, 노트값은 97.7%으로 뛰었다. 또 생필품인 육류, 치즈, 빵 등 생활 필수품의 가격도 폭등했다. 생활 필수품의 가격은 폭등하고 기호품은 가격이 많이 떨어진 것이다.

동독은 당시 동유럽권으로 많은 물자를 수출했다. 그런데 화폐교환 비율 때문에 동독 공산품의 가격이 오르면서, 수출품 가격도 갑자기 폭등하는 결과를 가져왔다. 동유럽의 수입 국가에서는 그 가격이면 품질이 훨씬 더 좋은 서방 국가의 제품을 구입하는 것이 나았다. 그래서 동독의 공업 생산지수는 앞의 〈도표 1〉에서 보았듯이, 1990년 10월이 되면 1989년 생산성의 딱 반으로 줄어들고 만다. 이렇게 하여 동독의 수많은 공장들이 문을 닫고 동독의 산업은 붕괴되고 만다. 동독의 실업자는 이렇게 하여 서독 정부와 노동조합 그리고 동독인 자신들에 의해서 대량으로 만들어지게 된다. 당시 동독 국가 은행장이었으며 화폐연합 협상당의 동독 책임자였던 사람이 2010년도 언론과 인터뷰를 했다. 그는 당시 화폐 교환 비율이 7:1 정도가 적정했으며 그랬다면 동독 산업의 붕괴를 막았을 것이라고 증언했다. 그렇지만 때는 이미 너무 늦었다.

〈도표 5〉와 〈도표 6〉에서 통일 이후에 얼마나 많은 일자리가 사라졌는가를 알 수 있다. 통일 이후에 취업자 수는 급격하게 줄어든다. 1991년에 910만 명이 독일 산업계에서 일을 했는데, 2006년에는 이 분야 취업자 수

도표 5. 산업체에서의 일자리 감소(SZ)

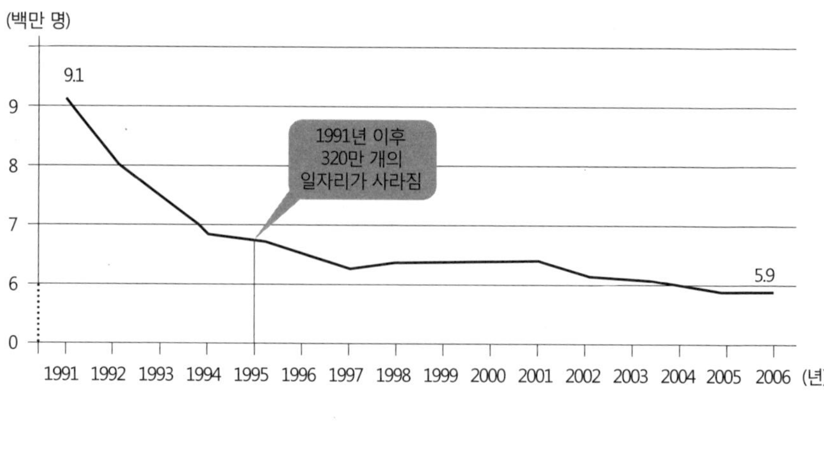

도표 6. 정규직의 감소(SZ)

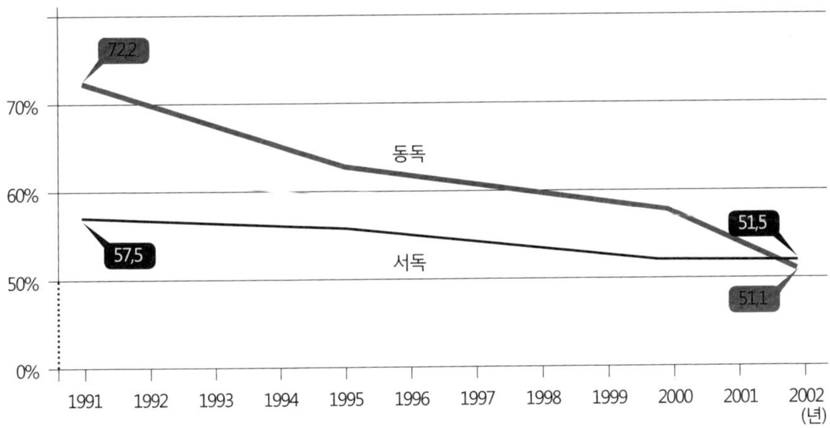

는 590만 명으로 줄어든다. 〈도표 6〉은 독일에서 정규직이 줄어든다는 것을 보여 준다. 서독보다 동독에서의 정규직 자리가 비율적으로 더 많이 사라졌다는 것이 드러난다. 서독은 57.5%에서 51.5%로 줄어든 반면에 동독은 72%에서 51.1%로 줄어들었다.

2) 빈곤층의 확산

동독인이 가난하게 된 가장 큰 원인은 실업과 저소득 때문이다. 앞의 도표에서 보았듯이 동독과 서독을 막론하고 통일 이후 10년 동안에 일자리가 많이 줄어들었다. 이렇게 해서 실업자가 많이 생겨나고 빈곤층이 늘어나게 된다. 실업자 중에서 빈곤층에 속하는 비중은 64%이고, 저임금 노동자가 빈곤층에서 차지하는 비중은 54%이다. 취업 기간 중에 임금이 적으면 연금 또한 적어진다. 이렇게 노동 연령에 속할 때 가난한 사람이 연금 수령 연령대가 되어, 빈곤층이 될 가능성은 51%가 된다(Sozialreport, p. 50). 이렇게

표 1. 2008년도 동독의 가계 평균 1인 세후 소득

	전체	25-39세	40-49세	50-59세	60세 이상	취업자	실업자
750 유로 미만	25	31	24	25	18	15	80
750-1,000	16	11	17	14	18	14	11
1,000-1,500	37	33	30	30	54	37	8
1,500-2,000	14	15	17	18	9	20	1
2,000 이상	8	10	12	13	2	15	0

(%)

젊은이 중에서 실업자와 저임금 노동자의 숫자가 늘어나고 연금 수령액이 적은 노인층이 늘어나면서, 독일에서 빈곤층은 늘어나게 된다.

그렇다면 동독 사람들은 실제 얼마나 가난한가. 〈표 1〉은 동독의 1인 평균 가계 소득을 나타내는 것으로 세후의 순수입을 나타내는 것이다.

이 연구 결과를 보면 하위 25%의 평균 소득이 750유로에 불과하다. 여기에 해당되는 집단은 실업자의 80%이고, 편부모 42%, 1인 가계가 37%이다. 동독 인구의 8%는 가계 평균소득이 2천 유로를 넘는다. 여기에 해당되는 사람은 공무원이 37%, 대졸자 27%, 사업가 20%, 자유업 17%이다(Sozialreport, 45쪽).

동독인들이 서독인들에 비해서 가난하다면 얼마만큼 가난한가. 〈표 2〉는 독일인 정규직 노동자들의 월급 분포를 보여 주는 것으로, 세전 수입을 나타내는 것이다. 이 금액에서 결혼 여부와 자녀 수 등에 따라 세금 및 각종 보험 등 약 30%가 공제되고 난 다음 액수가 순수입이 된다. 세전 월급 3천 유로 이하가 전체 해당 인원의 63%를 차지한다. 이렇게 보면 독일 노동자들의 임금이 별로 높지 않다는 것을 알 수 있다.

표 2. 독일인 월급 세전 분포도(독일경제연구소, 2006)

세전 월급	피고용자 수	퍼센트
10,000유로 이상	86,831	0.41
9,501-10,000	28,967	0.14
9,001-9,500	22,088	0.10
8,501-9,000	64,989	0.31
8,001-8,500	40,867	0.19
7,501-8,000	62,593	0.30
7,001-7,500	138,918	0.66
6,501-7,000	126,049	0.60
6,001-6,500	194,882	0.92
5,501-6,000	339,889	1.61
5,001-5,500	398,811	1.88
4,501-5,000	704,969	3.33
4,001-4,500	1,204,800	5.69
3,501-4,000	1,707,518	8.07
3,001-3,500	2,546,810	12.03
2,501-3,000	3,285,979	15.53
2,001-2,500	4,290,120	20.27
1,501-2,000	3,150,145	14.88
1,001-1,500	2,107,078	9.96
501-1,000	520,473	2.46
1-500	142,592	0.67

그렇다면 독일인들은 얼마만큼의 생활비가 필요한가. 독일에서 한 가족이 사는 데 드는 돈은 얼마인가. 국가의 도움을 받지 않고 자력으로 살아가는 가족이 어디에 얼마를 지출하는지를 살펴보았다. 6세에서 13세 사이의 아이 1명을 부양하는 부부로서 하위 20%에 해당되는 경우를 살펴보았다. 즉

표 3. 하위 20% 독일인 3인 가족의 지출 내역(Die Zeit)

식료품	가재도구	여가생활	의류/신발	주거비용 (임대료 제외)	교통비	통신비	의료비	교양	외식비	기타	총
331	114	106	104	80	73	61	22	20	17	51	979

(유로)

이들 3인 가족이 한 달 생활에 필요한 액수는 979유로이다. 이 자료(〈표 3〉)는 한스-뵈클러 재단의 연구 결과를 디차이트가 최근에 보도한 내용이다.

그러나 실제로는 3인 가족은 물론 이보다 더 많은 돈이 필요할 것이다. 임대료가 빠져 있기 때문이다. 2008년도 동독 지역은 월평균 임대료는 480유로이다. 자가에 살지 않는 경우라면 이 정도의 임대료가 더 필요할 것이다. 그런데 만약 이 부부 모두가 실업자가 되었다면 실업급여와 기타 보조금을 합쳐 한 달에 897유로를 받게 된다. 만약 국가 보조금만으로 살아간다면 〈표 3〉과 비교해 볼 때 생활이 상당히 빈곤할 수밖에 없을 것이다. 이 문제는 뒤에서 다시 설명할 것이다. 독일에서는 노동을 하나 실업자가 되어 국가 지원금을 받아 살아가나 차이가 없는 하층민의 숫자가 적지 않다.

〈도표 7〉에서 알 수 있듯이 국가의 도움을 받고 살아가는 사람들이 독일에서 늘어가고 있다. 이 도표는 18세에서 64세까지의 독일인 중 국가의 보조금으로 또는 부분 보조금으로 받고 살아가는 사람들의 퍼센트를 보여주고 있다. 독일인 중에서 어떤 형태로든지 정부의 도움을 받고 살아가는 사람들은 통일 이후에 계속 늘어서, 현재는 27%에 해당된다(Die Zeit, 2008. 4. 10). 여기서 말하는 국가의 도움이란 실업수당, 대학생 학자금 융자, 임대료 보조금 등을 말한다. 눈에 띄는 것은 실업수당 II(일반적으로 하르츠 IV라고 말한다)를 받고 살아가는 사람들이 늘었다는 사실이다. 이것은 슈뢰더 정부

도표 7. 국가의 도움을 받고 살아가는 사람들의 비율(Die Zeit, 2008. 4. 10)

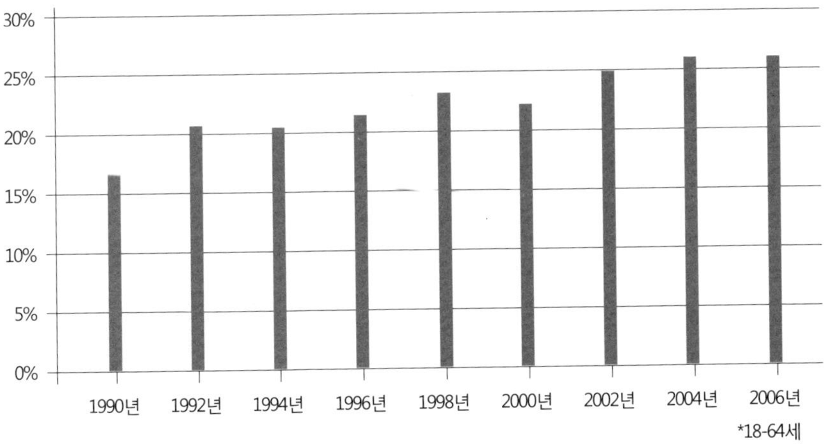

의 노동시장 개혁 이전에 있었던 실업수당과 사회보장보험을 합한 것을 말한다.

하르츠 IV는 슈뢰더 총리 시절에 도입되었던 노동시장 개혁 프로그램의 하나를 말한다. 독일의 사회보장제도는 잘 되어 있어서 그 혜택만으로도 살아갈 수 있었다. 그래서 많은 사람들이 일할 생각은 하지 않고 사회보장제도 혜택만으로 살아가려고 하기 때문에 일할 의욕이 떨어진다는 비판이 있었다. 그래서 사민당 정권 시절 노동시장 개혁의 일환으로 독일의 모든 사회보장제도를 통합하는 작업을 했다. 이것을 주도한 사람이 하르츠인데 그의 이름을 따서 하르츠 I, II, III, IV 등의 이름이 붙여졌다. 여기서 하르츠 IV는 실업수당과 사회보장보험을 합친 것을 말한다. 이것은 결과적으로 실업자가 받는 금액이 줄어드는 효과를 가져왔다. 이에 사민당 당원들은 시민당 정신에 어긋나는 정책이라고 하면서 무려 1/3이 탈당을 했다. 그 영향으로 사민당은 실권하게 되었다. 하지만 이 다음의 기민당의 메르켈 정권은 노동시장의 개혁의 열매를 따먹는 셈이 되어, 산업 경쟁력이 높아지고 실업자가 지속적으로 줄어들게 되었다.

하르츠 IV의 기본금은 359유로인데, 개인의 기타 수입, 재산, 주택 유무에 따라 추가로 지원금이 결정된다. 기타 수입이나 재산이 없는 실업자들은 주거지역에 따라서 다른데, 대체로 700-800유로를 받게 된다. 2010년에 연방헌법재판소의 결정에 따르면 어린아이들의 하르츠 IV가 너무 적어 기본 생활이 가능하도록 금액을 상향해야 한다는 판결이 있었다. 이에 따라 2010년 여름에 각 정당 사이에 많은 토론이 있었다. 그 결과는 기본급이 겨우 5유로를 상향하는 것으로 결정이 났다. 그래서 이제 하르츠 기본금은 364유로가 되었다. 14세 미만의 아이는 어른 수령액의 60%, 14세 이상은 80%를 받도록 되어 있다. 독일에서 하르츠 IV 수령자는 사회 최하류층이라는 낙인이 찍힌다. 그래서 가능한 한 안 받거나 빨리 하르츠 IV 상태에서 벗어나려고 한다. 1990년의 경우 1%의 국민이 하르츠 IV 도움을 받았는데, 2006년의 경우 무려 10%가 되었다.

통일 후 동독뿐 아니라 독일 전역에서 빈곤층이 늘어나고 있다. 그런데 잘살아 보겠다고 아무리 열심히 일을 해도 빈곤층을 벗어날 수 없는 사람들도 있다. 그 원인은 임금 수준이 너무 낮기 때문이다. 이런 계층에 대한 새로운 개념이 생겨났다. 이른바 워킹푸어(Working Poor) 계층을 말한다. 독일어로는 "prekär" 집단이라고 한다. 라틴어에서 유래한 이 말의 의미는 미래가 불안하다는 의미이다. 이 말의 의미는 단순한 '가난'과는 다르다. 아무리 발버둥을 쳐도 가난에서 벗어날 수 없다는 것을 말한다. 거기다 과거에는 이론가들이 가난이란 계급적으로 규정되었다고 방어하고, 노동조합이 나서서 가난한 집단을 위해 행동에 나섰다. 그런데 지금은 그렇게 말하는 사람도 행동으로 도와주는 사람도 없다. 가난이란 사회적, 계급적으로 규정되는 것이 아니라, 개인의 무능에서 유래하는 것으로 낙인이 찍혀 있기 때문이다. 이 점에서 워킹푸어 집단은 과거의 빈곤층과는 또 다른 사회적 문화적 의미를 지닌다.

〈도표 8〉은 1995년과 2006년의 독일 노동자가 시간당 받는 수당을 보여 준다. 1995년에는 시간당 9-13유로를 받는 사람이 많았지만, 2006년이 되면 그 수가 줄어든다. 대신 시간당 8유로 미만을 받는 노동자의 수가 늘어났다는 것을 알 수 있다. 이것으로 독일의 노동자 임금이 줄어든다는 것을 알 수 있다. 즉 이런 임금을 받고 정규노동자로 일을 해도 가난을 벗어날 수가 없다.

독일 노동자들은 이웃 국가에 비해서 상대적으로 적은 임금을 받고 있다. 프랑스의 노동부 장관이 2010년 6월에 독일 정부의 임금 정책을 공개적으로 비판한 것을 보면 알 수가 있다. 내용은 독일 정부가 저임금 정책을 씀으로써 독일 공산품의 경쟁력이 높아져, 프랑스 제품이 경쟁력을 잃어간다는 것이다.

도표 8. 1995년과 2006년의 시간급 비교(Die Zeit)

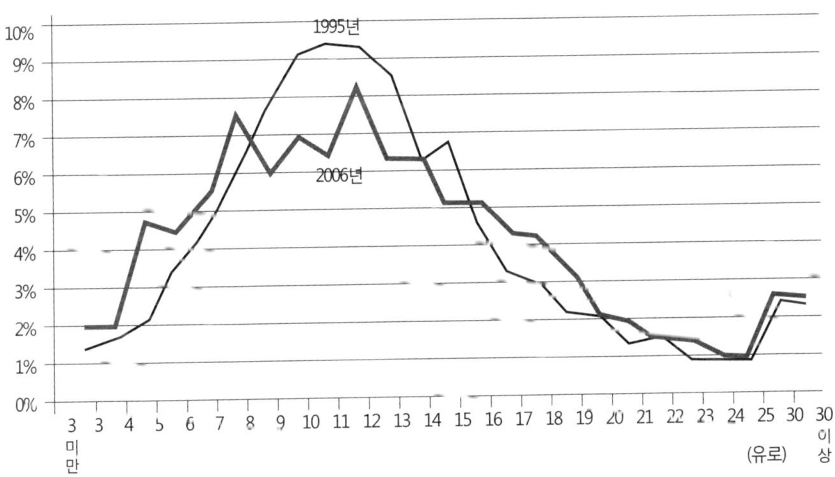

도표 9. 각국 2년차 기관사의 세후 임금 비교(SZ)

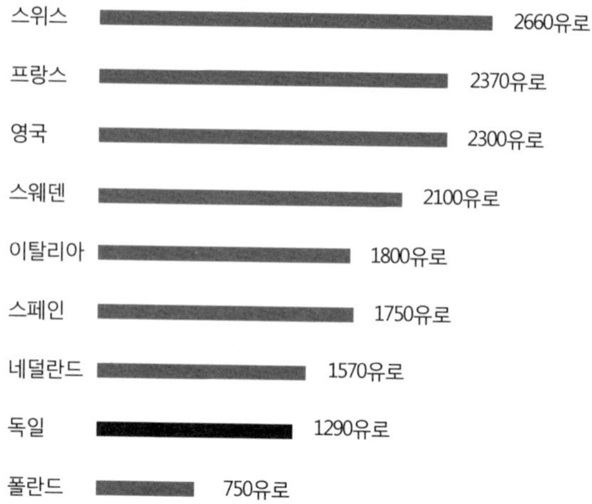

〈도표 9〉는 기관사들이 받는 월급을 각 나라별로 비교한 것이다. 비록 하나의 보기에 불과하지만 독일의 노동자들이 상대적으로 적은 임금을 받는 다는 것을 알 수 있다. 물론 이 자료는 2007년 것인데 당시 기관사들의 스트라이크로 인해서 이후에 임금이 좀 높아졌다. 그럼에도 전체적으로 보면 근로자의 시간당 임금이 독일은 27유로이고 프랑스는 32유로로 독일 노동자들의 임금은 낮은 편이다(김홍수).

오늘날 취업자 중에서도 그 수입이 적어서 실업자보다 형편이 별로 나을 것이 없는 사람이 많다. 즉 일을 해서 월급을 받지만 그 금액이 적어서 실업자가 받는 국가 지원금과 별 차이가 없는 경우가 많다. 이들은 풀타임 또는 파트타임으로 일을 하지만 최저 생계비도 벌지 못해서 정부로부터 보조금을 받아 살아간다. 지금의 독일 정부 규정에 따르면 세전 월 800유로를 벌지 못하면 정부 보조금을 받게 된다.

이처럼 일을 열심히 해도 최저 생계비를 벌지 못하는 사람이 2008년 1

월부터 7월까지 369,597명에서 384,467명으로 늘었다. 이는 2008년의 경우 불과 6개월 만에 14,867명이 늘어난 것이다. 세전 400유로에서 800유로 사이를 벌어 정부 보조금을 받는 사람도 이 기간에 12,000명이 늘어 243,550명이 되었다. 이처럼 2008년 전반부의 경우처럼, 실업자는 1/5정도 줄어들었다. 하지만 일자리를 구했다 해도 최저 생계비를 벌지 못하는 노동자 수는 늘어난 것이다. 더욱이 2008년 전반부는 독일 경제가 활발했다는 것을 감안하면 더 충격적이다. 그 이유는 생계비를 벌 수 있는 직장이 줄어들고 있기 때문이다(Spiegel online, 2008. 12. 4).

2008년 7월 기준으로 독일에는 일을 해도 최저 생계비를 벌지 못하는 사람의 숫자는 135만 명이다. 즉 일을 해도 월급이 800유로를 넘지 못한다는 말이다. 이중에서 62만 8천 명 정도는 풀타임 또는 파트타임 직업을 가지고도 생계비를 벌지 못하는 사람들이다. 또 72만 4천 명은 하르츠 IV를 받으면서 미니잡으로 약간의 수입을 보태고 있다(Spiegel online, 2008. 12. 4)

'미니잡'이란 월급이 적은 직장이나 노동 계약기간이 짧은 직장을 말한다. 미니잡 제도는, 하르츠 IV를 받는 사람들이 부대적으로 돈을 벌도록 유도하기 위한 제도이다. 이들이 세금혜택을 받으면서 돈을 벌게 되면 양쪽이 다 좋다. 해당자는 금전적 혜택을 받아서 좋고, 정부로서는 사회보장 비용을 줄일 수 있어 좋다. 현재 규정에 따르면 미니잡으로는 벌 수 있는 돈은, 한 달 수입이 400유로를 넘어서는 안 된다.

독일에서는 오늘날 일자리를 갖고 일을 하거나 정부 보조금을 받으나 큰 차이가 나지 않는 경우가 드물지 않다. 〈도표 10〉은 남독신문 2010년 2월 10일자에 게재된 것인데, 세 가지 경우를 산정한 것이다. 그중에서도 일을 하는 경우와 실업자가 된 경우의 매달 수입 차이를 비교한 것이다. 이 책에서는 교회세와 같은 다른 전제들은 빼 버렸다. 우리에겐 낯설고 너무

도표 10. 일을 하든 안 하든 큰 차이가 없는 계층의 월 소득(SZ)

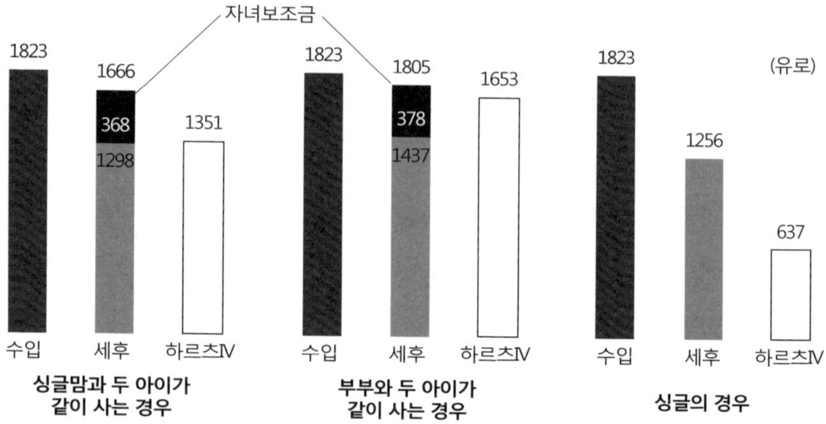

복잡하기 때문이다. 하르츠 IV 수령자의 경우는 임대료와 난방비가 지급되는 것을 기준으로 삼았다. 이런 가정하에서 세 경우를 살펴보았다.

첫째 경우는 싱글맘이 두 아이와 함께 사는 경우이다. 싱글맘이 일을 했을 경우에 1,823유로를 받는데, 세금과 보험금 등을 제하고 1,298유로를 받는다. 여기에 두 아이의 국가보조금 368유로를 합하면 한 달에 사용할 수 있는 돈이 1,666유로가 된다. 그런데 이 싱글맘이 실업자라면 1,351유로를 국가로부터 받게 된다. 일하는 경우와 그렇지 않은 경우 차이는 315유로이다.

두 번째 경우는 기혼자가 아이 2명을 부양하는 4인 가족의 경우다. 이 부모의 노동 수입이 1,823이라면 세금을 제하고 1,437유로를 받는다. 두 아이의 국가보조금을 합하면 1,805유로를 순수입으로 잡을 수 있다. 만약 하르츠 IV를 받는 상황이라면, 부모와 자식의 국가 보조금을 합하여 1,653유로를 받게 된다. 일하는 경우와 그렇지 않은 경우의 차이는 152유로에 불과하다.

세 번째 경우는 싱글일 때이다. 싱글이 노동을 하여 1823유로를 벌었다면 세금을 제하고 1,256유로의 순수입을 갖게 된다. 그런데 만약 이 싱글이 실업자인 경우는 637유로를 받게 된다. 이 경우의 차이는 619유로로써 그 차이는 상당히 크다.

현재 독일에는 100만 명의 일용 근로자가 있다. 이들은 새벽에 뮌헨과 같은 대도시의 인력 시장에 모여 있다가 승합차가 와서 필요한 노동자들을 데려간다. 경험이 있는 젊은이들이 선호되지만 평균 일주일에 두 번 정도 일을 나가서 일급 10유로 미만의 돈을 손에 거머쥔다. 이런 상황이 벌어지게 된 것은 독일 산업에서 1991년부터 2006년 사이에 320만 개의 일자리가 사라졌기 때문이다. 공장이 동유럽으로 이사를 가거나 자동화를 했기 때문에 수많은 노동자들이 순식간에 실업자로 변했다. 이렇게 하여 현재 독일에는 480만 명이 미니잡을 갖고서 매달 최고 400유로까지 벌고 있다.

도표 11. 벌어지는 상하류층의 수입 격차(슈피겔)

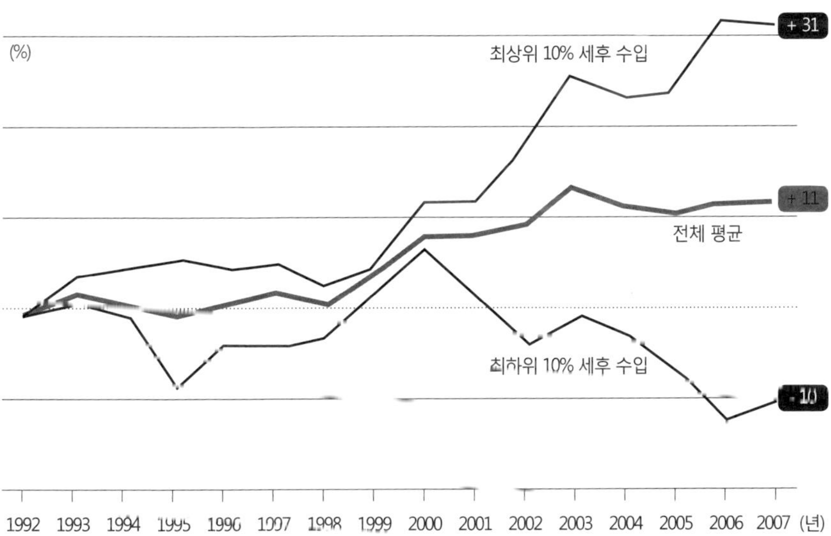

75만 명 정도는 비정규직으로 노동을 하고 있다(SZ, 2008. 1. 30)

OECD 보고서에 의하면 독일의 빈부 격차는 점점 커지고 있다. 1990년대 초반의 경우 독일의 빈곤층은 다른 OECD 국가보다 25% 정도 적었지만, 이제는 그것의 평균치를 조금 넘어섰다. 이것은 독일에서의 빈부 격차가 얼마나 빠르게 벌어지고 있나를 말해 주고 있는 것이다. 〈도표 11〉은 상류층 10%와 하류층 10% 사이의 세후 평균 수입의 변화를 보여 주고 있다. 1992년을 기준으로 볼 때 2007년의 경우 상류층은 세후 수입이 31% 늘었지만, 하류층은 이 기간 동안에 오히려 10% 줄었다.

〈도표 12〉는 가난한 사람이 사는 지역과 상류층이 사는 지역을 표시한 그림이다. 이를 보면 대부분의 부자는 서독에 있으며, 그것도 특정 지역에 모여 있다는 것을 알 수 있다. 이 도표는 세후 가계 소득이 1,100유로가 안 되는 가계가 지역 주민 중에서 몇 퍼센트를 차지하는지를 나타낸다. 가장 진한 색깔은 주민의 25%가 이 그룹에 속한다는 것이다. 그 다음은 22.5%에서 25%를 나타낸다. 이렇게 하여 가장 연한 색은 주민의 5% 미만이 이 소득 그룹에 속한다는 것을 말해 준다. 이 도표는 어디에 소득이 적은 사람이 많이 사는가를 일목요연하게 보여 준다. 동독 지역이 광범위하게 이 저소득계층에 속하며, 특히 동독의 북쪽 지역과 서독의 일부 지역에 가난한 가계가 많다는 것을 알 수 있다.

〈도표 13〉은 독일의 상류층이 어디에 살고 있는가를 보여 준다. 세후 월소득 7,500유로의 가계가 차지하는 비중을 나타낸다. 진한 색은 주민 가운데에 이 정도의 수입이 있는 가계가 4.5%, 그 다음으로 진한 색은 4%에서 4.5%임를 나타낸다. 이런 고소득 가계는 서독에 집중되어 있음이 분명하게 드러난다. 그것도 함부르크, 뒤셀도르프, 프랑크푸르트, 슈투트가르트, 뮌헨을 축으로 하는 이른바 'C' 자 모양의 벨트 도시에 거의 다 몰려 있다.

도표 12. 세후 가계 소득이 1,100유로 미만의 가계가 차지하는 비중(게오마케팅, 2008)

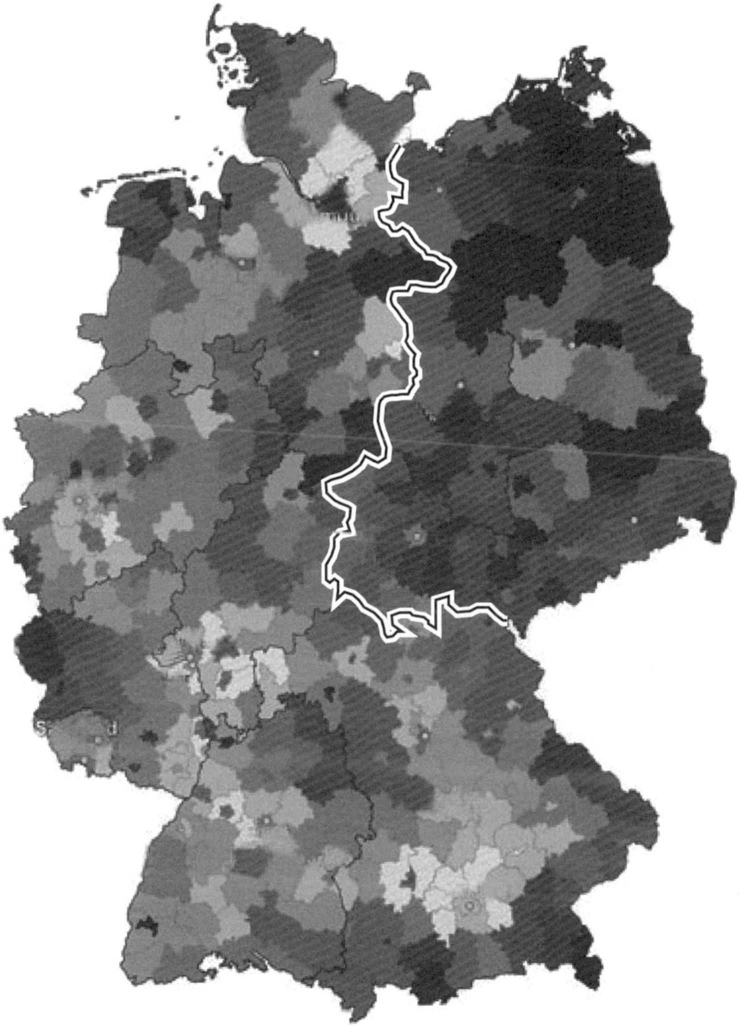

도표 13. 세후 월 소득 7,500유로 이상의 고소득 가계가 살고 있는 곳(게오마케팅, 2008)

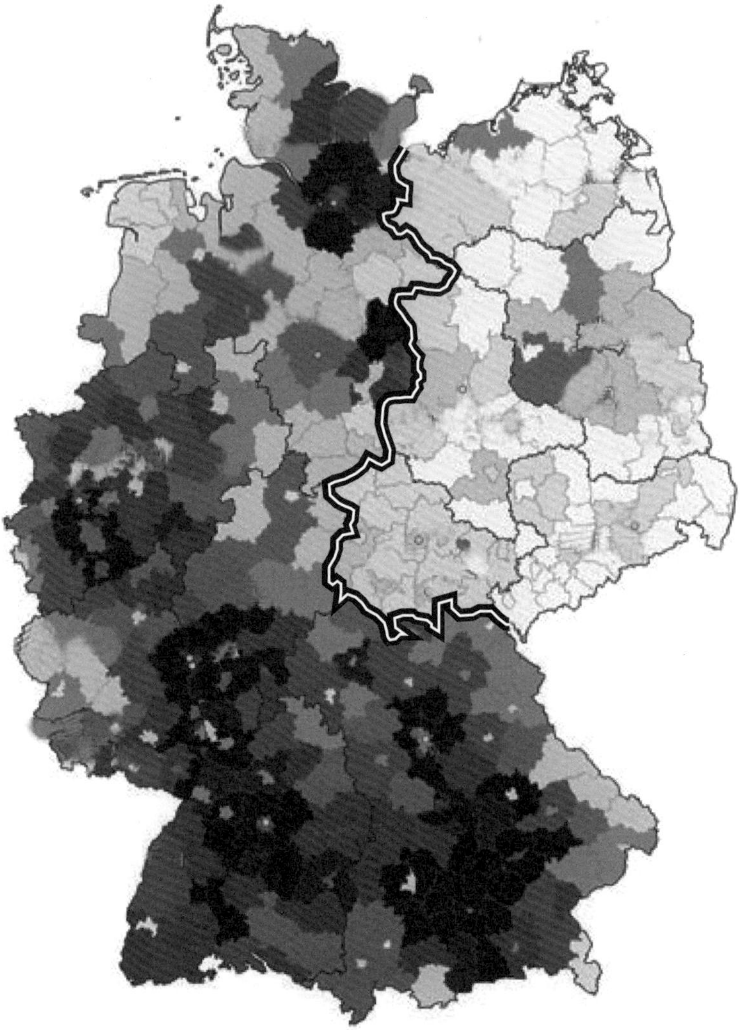

3) 빈곤층 청년과 어린이

빈곤층을 규정하는 척도는 기관에 따라 약간 차이가 난다. 유럽연합에서 공식적으로 통용되는 기준은 평균소득의 60% 미만 소득자를 말한다. 독일 경제연구소(DIW)의 조사에 따르면 현재 독일인 중에서 1,150만 명이 빈곤층에 속한다는 것이다. 특히 19-25세 사이의 청년이 여기에 많이 속한다. 2007년의 경우 독일인의 14%가 빈곤층에 속하거나 그럴 가능성이 있다는 것이다. 독일에서 빈곤층이라 함은 2007년을 기준으로 했을 때 싱글의 경우 세후 925유로보다 적은 경우이다. 4인 가족의 경우 1,943유로보다 많아야 한다. 독일의 빈곤층은 1998년부터 늘어나기 시작했는데, 그 결정적인 이유는 실업자와 저임금자의 증가에 있다.

특히 청년층(19-25세)의 1/4이 빈곤층에 속하는데, 그것은 부모님 세대보다 일찍 독립하여 생활비가 많이 들고 학습기간이 길기 때문이다. 학생 시절의 아르바이트 수입이 너무 적고 직업 초창기의 임금이 너무 적기 때문이라는 것이다. 이들 세대는 독립 생활에 큰 의미를 부여했고, 또 그들 부모로부터의 지원금이 그 어느 세대보다 적다.

〈도표 14〉에서 독일에서의 빈곤층이 늘어나는 것을 알 수 있다. 그중에서도 동독의 빈곤층이 서독보다 더 두텁다는 것을 알 수 있다.

〈도표 15〉는 어린아이의 숫자에 따른 빈곤층 조사이다. 몇 명의 아이를 부양하는 가계가 쉽게 빈곤층에 떨어질 위험이 있는가를 나타내고 있다. 1997년과 2007년 공히 4명 이상의 어린이를 부양하는 가계가 빈곤해질 가능성이 높다. 즉 어린이가 많으면 많을수록 빈곤층에 속할 가능성이 높다. 그런데 1997년보다 2007년에 아이를 부양하는 경우 빈곤층에 떨어질 가능성이 더 높아졌다는 것을 알 수 있다.

빈곤층에서 힘들게 살아가는 사람은 청년층만이 아니다. 부모의 수입이

도표 14. 증가하는 빈곤층(Die Zeit)

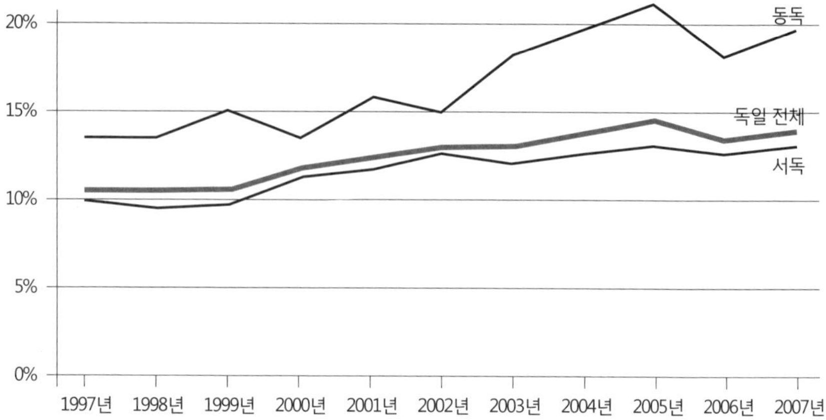

도표 15. 빈곤층으로 떨어질 가능성(Die Zeit)

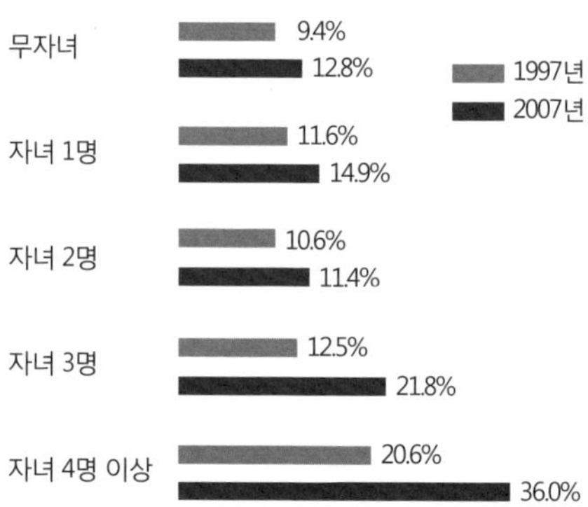

적어서 국가의 지원을 받아 살아가는 어린이도 많다. 동독 어린이의 28.9% 서독 어린이의 13.4%가 정부에서 지급하는 하르츠 IV를 받아 생활하고 있다(FAZ, 2009. 8. 29).

〈도표 16〉은 각 주별로 국가의 도움을 받아 살아가고 있는 어린아이들을 나타내고 있다. 여기를 보면 동독의 주들이 상위를 차지하고 있다. 동독

도표 16. 하르츠 IV 수령 어린이 비율

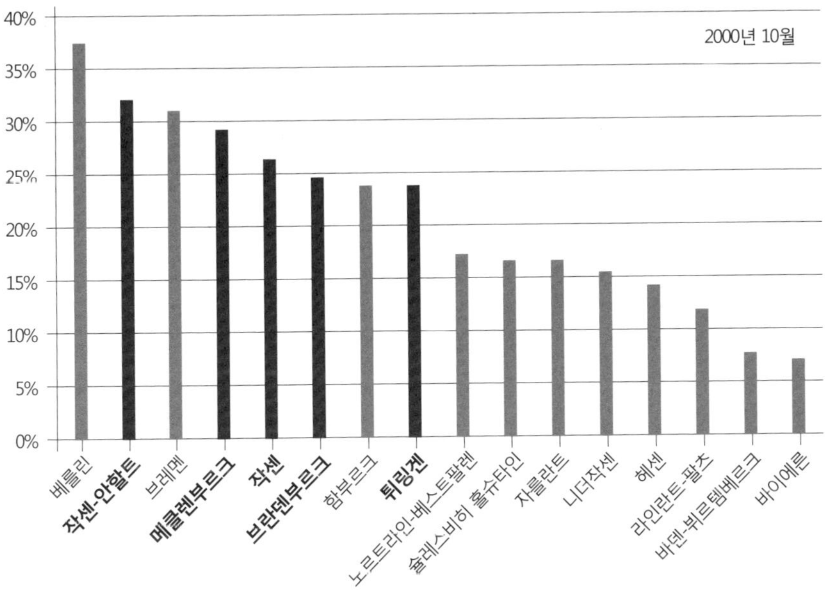

의 5개 주는 모두 8위 안에 들어 있다.

2007년 8월 9일자 디차이트의 경제면에 어린이의 빈곤에 대한 상세한 보도가 실렸다. 어린아이들의 빈곤 계층에 대해서는 보통 사회면에서 보도를 하는데 이례적으로 경제면에 크게 실렸다. 제목은 "태어나면서부터 패자"이고, 부제는 "독일에는 현재 약 300만 명의 어린아이가 빈곤층에 속한다"였다. 그런데 빈곤층 어린이의 숫자가 늘어나고 있어, 국민경제가 지불해야 할 액수가 적지 않을 것이라는 코멘트를 달았다.

어린이 계층의 빈곤이 더 문제가 되는 것은 부모 세대의 가난이 대물림되었기 때문이다. 그래서 그 어린이들은 부모의 가난 때문에 교육을 제대로 받을 수가 없고, 직업 선택에서도 아주 힘들 수밖에 없다. 설사 직업을 구했다고 하더라도 좋은 직장이 아닐 가능성이 아주 높다. 2006년 말 기준으로 독일에는 190만 명의 어린아이가 빈곤 계층에 속한다. 국가는 이 어린아이들에게 매달 208유로를 지불한다. 의복비, 교재비, 교통비 등으로 하루 평균 6.8유로를 제하면 하루에 2.57유로를 쓸 수 있다. 학교와 탁아소에서의 점심식사대로 보통 2.5유로에서 3.5유로가 들기 때문에, 아이들이 배고픔에 시달릴 수밖에 없다는 것이다(Die Zeit, 2007. 8. 9).

어린아이가 빈곤층에 떨어진 가능성이 높은 집단은 형제가 많은 경우이다. 2007년의 경우 3명의 아이를 부양하는 가족들의 경우, 하르츠 IV를 받는 사람은 21.8%, 4명의 아이가 있는 경우에 36%이다. 이보다 더 심한 경우는 편부모가 혼자서 아이를 키우는 경우이다 이 경우는 어린아이가 가난에 떨어질 확률이 무려 50%를 넘는다. 2005년도 독일 정부 통계에 따르면 국가 지원금으로 살고 있는 아이들의 60%가 편부모와 살고 있다. 동독의 경우 출생한 아이의 반 이상이 법적인 혼인을 하지 않은 부모한테어 태어난다(Die Zeit, 2007. 8. 9).

그것은 동독에서의 결혼과 서독에서의 그것이 갖는 의미가 다르기 때문이다. 서독의 경우 동거를 하면서 결혼을 생각하게 된다. 그러다 아이가 태어나면 대개 결혼을 하게 되는 경우가 많다. 동독 여성은 서독 여성보다 일찍 가족을 이룬다. 서독의 경우 아이를 고려하여 결혼을 한다면, 동독의 경우 첫 번째 아이가 태어나도 결혼을 하지 않는다. 그래서 동독의 경우 법적인 혼인 신고를 하지 않고 살아가는 것이 주도적인 가족 형태로 자리잡고 있다. 〈도표 17〉은 동독과 서독의 가족 형태가 다르게 자리잡아 가고 있다는 것을 보여 준다. 동독의 경우에 법적인 혼인 신고를 마치지 않은 상태의 파트너 사이에서 태어난 아이의 비율이 2005년의 경우 80%에 육박한다(참조, Schroeder, p. 415).

그 외에도 빈곤층의 어린아이에 속하지만 통계상으로 잡히지 않는 경우가 있다. 예를 들면 독일로 이주한 외국인 또는 구소련연방에서 이주한 독

도표 17. 부모가 혼인신고를 하지 않은 상태에서 태어난 아이들(Schroeder, p. 415)

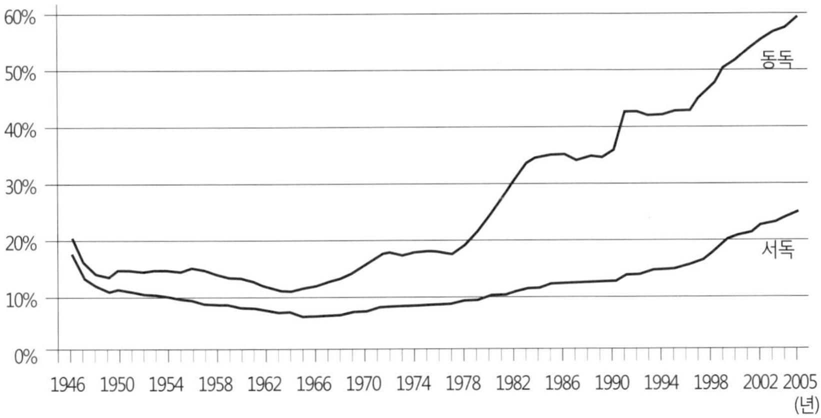

일인들 그리고 불법 체류자들이다. 이들은 독일 규정을 몰라 신청을 하지 않는 경우가 많고, 또 이들은 독일어가 취약하여 필요한 정보를 습득하기가 어렵다.

빈곤층의 아이들은 초등학교 때부터 불이익을 받는다. 성적이 나빠 정상 가정의 아이들보다 유급당하는 비율이 높고, 또 인문계 고등학교에 진학하는 비율이 12%에 불과하다. 이는 독일의 정상적인 가정의 아이들 진학률의 1/3에 불과하다. OECD의 교육 통계에 의하면 독일은 그 어떤 국가보다도 부모의 사회적 지위가 자식의 학교 성적과 밀접하다는 것이 밝혀졌다(Die Zeit, 2007. 8. 9). 그뿐이 아니다. 최근의 연구 조사에 의하면 외국인 이름을 가진 아이들은 독일인 이름을 가진 경우보다 교사들로부터 눈에 띄지 않는 불이익을 더 많이 받고 있다는 것이다. 즉 동일한 대답을 해도 교사의 평가는 다르다는 것이다. 또한 독일에서 대학을 나오지 않은 경우 그 수입은 대졸자와 너무 차이가 난다. 이렇게 하여 자식 세대에서도 빈곤층에서 벗어나기가 힘들다.

도표 18. 계층 출신별 대학생

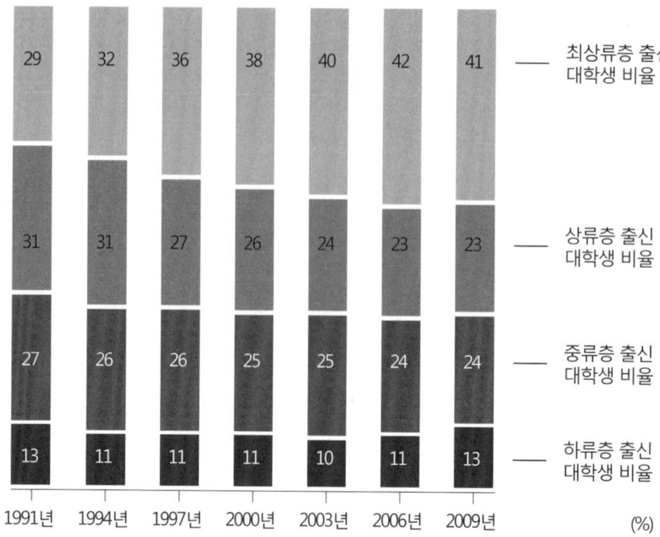

〈도표 18〉은 가난한 집 아이들이 가난에서 벗어나기가 얼마나 힘든지를 보여 준다. 독일에서도 대학을 나온 사람들의 월급이 고졸의 그것보다 많이 높다. 경력이 10년인 취업자의 평균 월급을 살펴보면 대체적으로 2배 이상의 차이가 난다. 그래서 독일에서의 대학 진학률도 해마다 늘어 근래에는 35% 정도가 되었다. 1991년부터 2009년까지 조사한 바에 따르면 특히 대학 진학률이 높아진 것은 독일의 최상류층 아이들이다. 1991년의 29%에서 2009년에는 41%로 늘어났다. 이 기간 동안에 상류층과 중류층에 해당되는 집 아이들의 대학 진학률은 58%에서 47%로 줄어들었다. 하류층 아이들의 그것은 10% 남짓하게 머문다. 가난한 집 자제들을 위한 장학 재단이 독일에 많이 있다. 그런데 최근 조사에 가난한 집 자녀를 위해서 설립된 장학 재단들이 70% 정도의 장학금을 중간층 이상의 가정집 자녀들에게 장학금을 지불한 것으로 드러났다. 심지어 독일노동조합 장학재단조

도표 19. 독일의 빈곤층(Die Zeit, 2007. 8. 9.)

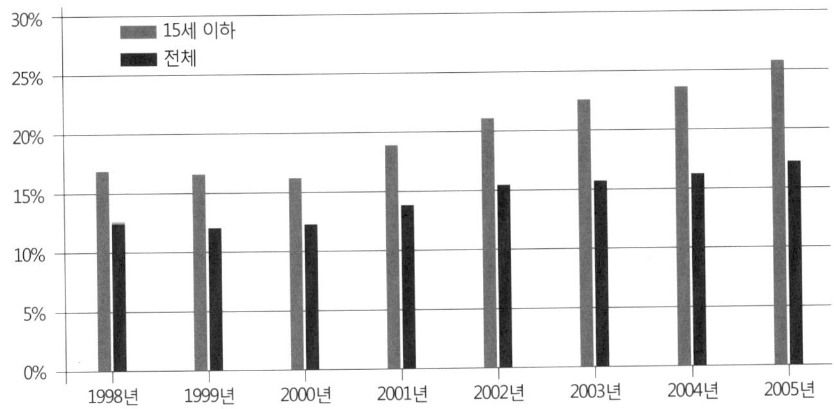

도표 20. 하르츠 Ⅳ 수령자(SZ, 2010. 2. 10)

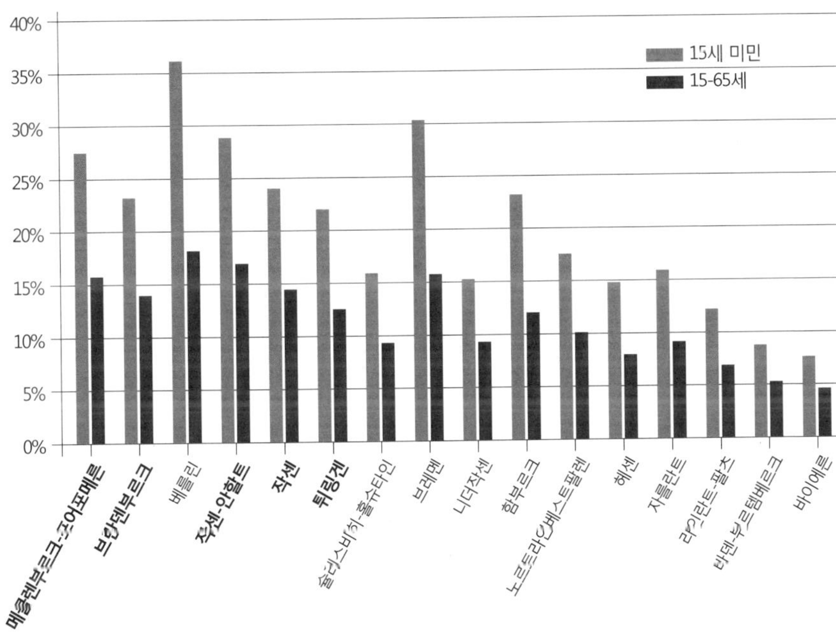

차도 하류층 집 자녀에게 주는 장학금의 비율이 50%보다 작다. 그것은 하류층 자녀들이 장학금을 받을 정도의 학력을 못 갖추었기 때문이다.

〈도표 19〉는 독일 청소년 빈곤층의 변화를 한눈에 알 수 있게 한다. 청소년들이 성인들보다 더 쉽게 빈곤층으로 추락한다는 것을 알 수 있다. 또 청소년 빈곤층이 빠르게 증가한다는 것도 알 수 있다.

〈도표 20〉은 독일에서 하르츠 IV를 받고 살아가는 사람을 나타낸 것이다. 15세 미만의 아이들이 국가의 도움을 받고 살아가는 비율이 높다는 것을 알 수 있다. 베를린의 경우 어린이의 36.1%, 브레멘 30.5%, 작센-안할트주는 29.1%가 부모의 수입이 적어 국가의 도움에 의존하여 살아가고 있다. 15세 이상의 경우는 베를린이 18.1%, 작센-안할트주가 17%가 국가의 도움을 받고 살아간다. 이로써 어린이 중에서 하르츠 IV에 의존하여 살아가는 비율이 높다는 것을 알 수 있다. 특히 동독 어린이들의 경우에 가난에 시달리는 비율이 27%로 서독의 16%보다 더 높다.

4) 노후의 가난

독일 사람들은 일반적으로 노후를 위해서 굳이 많은 재산을 모으려고 하지 않는다. 삶의 질을 낮추어가면서 노후 대비를 위해 많은 돈을 저축하지 않는다. 그건 사회가 안정적이어서 미래를 예견할 수 있고, 더 중요한 것은 연금으로 노후를 보낼 수 있기 때문이다. 돈을 모으는 목적은 집을 사거나 자동차를 바꾸거나 또는 휴가 비용을 위해서이다. 자녀의 출가를 위해서 우리처럼 살던 집을 줄이거나 하는 일은 없다. 자녀들이 그들의 파트너와 셋방부터 시작하기 때문이다.

독일인들은 65세부터 연금 수령 자격을 갖게 되었는데, 지난 슈뢰더의 사민당 정권 시절에 연금 수령 연령을 67세로 올렸다. 그러자 수많은 노동자들이 데모를 했다. 죽을 때까지 일하라는 말이냐면서 연금 수령 연령을 원상 복귀하라고 요구했다. 프랑스의 경우도 마찬가지다. 사르코지 대통령이 연금 수령을 60세에서 62세로 상향하려고 하자 수만 명의 사람들이 반대 시위를 했다. 이들은 연금을 받아 가능한 한 빨리 노후를 즐기려고 하고, 우리의 경우는 가능한 한 오랫동안 직장에서 일하고 싶어한다.

그런데 독일 연금제도에 문제가 생겼다. 독일 인구가 노령화되고 또 평균 수명이 늘어 연금 재정이 부족하게 되었다. 이 때문에 연금 수령 자격을 67세로 상향했다. 문제는 현재의 젊은이들이 나중에 연금을 받게 될 경우, 구매력을 기준으로 하면 자신의 아버지 연금보다 많아질 가능성이 거의 없다. 더 심각한 문제는 연금 수령액이 적어 많은 사람들이 노후에 가난에 시달리고 있다는 것이다. 동독의 경우 통일이 되지 바로 연금을 수령하기 시작한 사람들은 문제가 없다. 이들은 통일의 가장 큰 수혜자로 누구보다 많은 연금을 받는다.

문제는 그 다음 세대들이다. 앞에서 보았듯이 현재 독일의 가난 문제는 젊은이와 어린이의 문제만이 아니다. 노후에 연금 수령자가 되어서도 가난에 시달릴 가능성이 높아졌다. 그것은 연금 납부액 자체가 적어서 노후에 연금수령액이 적기 때문이다. 이것은 실업 상태로 오래 있던 사람들과 저임금 노동자들의 경우 흔히 있는 고전적인 사례이다. 이들 자녀들도 그런 빈곤층에서 평생을 보낼 가능성이 아주 높아, 빈곤의 악순환이 계속되고 있다.

여기서는 그런 고전적 문제와는 다른 문제를 언급하고자 한다. 평생 꼬박꼬박 연금을 부어도 노후에 빈곤층에 떨어질 가능성이 높아졌다. 그것은 독일 연금제도가 독일의 경제 상황과 밀접하기 때문이다. 즉 독일 경제가 나쁘면 미래의 연금 생활자들의 생활이 나빠지고 독일 경제가 좋은 상태로 지속되면 연금 생활자들의 연금수령액도 높아지기 때문이다. 독일 경제가 특히 통일 이후에 나빠진 상태로 지속되어 왔기 때문에, 연금을 꼬박꼬박 부었음에도 노후에 가난하게 살아갈 가능성이 높아졌다. 그래서 독일의 연금제도가 오늘날 더 이상 신뢰를 받지 못하고 있다. 독일 정부에서도 공적 연금 이외에 세금 혜택을 주어 개인적으로 따로 연금을 들도록 장려하고 있다. 그렇지만 개인 연금을 따로 붓는다는 것은 하류층으로서는 생각하기조차 힘들다.

독일의 연금제도가 맞은 위기를 구체적으로 살펴보자. 단 한 번도 실업자가 되어 본 적도 없는 평균 임금을 받은 노동자를 가정해 보자. 만약 이 사람이 연금 분담금 납부를 잊어버리지 않고 45년 동안 꼬박꼬박 연금을 부었다면, 이는 독일의 평균적 연금 생활자가 될 것이다. 이런 사람들은 서독의 경우 월 1,224유로, 동독은 1,086유로를 받게 된다. 그런데 이 사람의 연금이 적어도 2016년까지는 증가할 가능성이 없다. 지난 1970년대처럼 독일의 경제가 좋았던 시절이었으면 달랐다. 튼튼한 국가의 경제와 비례하여 연금 수령액도 함께 늘어났기 때문이다.

독일의 연금 수령액 수준은 모든 연금분담금 납부자의 평균 임금과 연관지어 결정된다. 과거 50년대의 연금 수령액은 평균 소득자의 57%에 이르렀지만, 현재는 48% 그리고 2040년이 되면 40%로 낮아지게 된다. 즉 30년 후에 연금을 받게 되는 사람은 몇 해 전에 연금자가 된 사람보다 약 20% 정도를 적게 받게 된다. 현재의 평균소득자의 월급은 세전 2,500유로이다. 이 사람이 2020년에 연금을 수령하기 시작한다고 가정을 해 보면, 1,280유로의 연금을 받게 된다. 이 돈은 현재의 가치로 계산하면 1,030유로에 해당된다. 현재의 평균 연금과 비교하면 그는 약 200유로를 적게 받

표 4. 독일인의 연금 수령액(Spiegel online, 2009. 11. 24)

출생 연도-연금 시작 연도	1955-2020	1965-2032	1975-2042	1985-2052
세전 월급(유로)	명목연금(실질연금)			
1,500	779(624)	1,040(667)	1,397(732)	1,689(727)
2,500	1,284(1,028)	1,714(1,099)	2,292(1,201)	2,708(1,159)
3,500	1,552(1,243)	2,118(1,358)	2,800(1,467)	3,035(1,299)
4,500	1,989(1,593)	2,715(1,741)	3,589(1,880)	3,737(1,600)
5,500	2,404(1,925)	3,243(2,079)	4,256(2,230)	4,367(1,869)

는 셈이다. 쉽게 말하면 아들의 연금액이 같은 조건하에서 연금을 부었던 아버지의 연금액보다 무려 200유로를 적게 받는다는 말이다.

〈표 4〉는 독일연금연구소의 연금 추정액이다(Spiegel online, 2009. 11. 24). 연금 수령액에는 임금상승은 2.5%, 인플레이션은 2%로 계산하여 추정한 것이다. 1,500에서 2,500유로 사이의 소득자는 25년, 그 이상의 소득자는 30년 연금액을 붓는 것으로 계산했다. 이를 바탕으로 미래의 연금 생활자가 받게 될 연금액수 그리고 그것으로 구매할 수 있는 것을 현재의 구매력과 비교하였다(즉 괄호 속은 현재의 구매력에 해당된다).

예를 들어 1955년생이 월급 4,500유로(세전)를 받는다고 가정하면 그는 2020년에 연금을 받게 된다. 연금 수령액은 1,989유로인데 이건 명목상의 금액이고 실질금액은 1,593유로가 된다는 것이다. 그런데 그의 아들뻘 되는 1985년생이 똑같은 상황이라면, 30년 후인 2052년에 받는 연금은 아버지의 연금과 별로 차이없는 1,600유로를 받게 된다는 것이다.

저임금을 받은 사람들은 노후에도 빈곤 상태에서 벗어날 수가 없다. 임

표 5. 하르츠 Ⅳ 액수에 도달하기 위해 연금을 납부해야 하는 연수

세전 월급(유로)	1,500	2,500	3,500	4,500	5,500
연금 납부 연수	43	26	18	14	12

금이 낮아서 예를 들어 월급이 1,500유로인 사람들은 연금이 국가보조금보다 나은 상태를 유지하려면 43년을 일해야 한다. 〈표4〉는 저임금을 받은 사람들은 평생 일해도 그 연금 액수는 국가보조금 수준을 벗어나기 힘들다는 것을 보여준다.

〈표 5〉는 연금수준이 하르츠 Ⅳ에 도달하려면 몇년을 연금을 부어야 하는지를 보여 준다.

위의 표에서 알 수 있듯이 저소득자만 힘든 것이 아니다. 오늘날의 평균소득자인 소득 2,500유로를 버는 사람도 26년을 연금 분담액을 지불해야 하르츠 Ⅳ 상태를 벗어날 수 있다.

그런데 이것은 서독인이나 동독인 중에서도 이른바 운좋은 사람들에게나 해당되는 이야기이다. 통독 후 동독 산업붕괴의 여파는 오래도록 그 여운을 남긴다. 산업이 붕괴하여 실업 상태로 오랜 시간을 보낸 사람이 적지 않다. 직업을 구했다고 하더라도, 파트타임을 하거나 또는 미니잡을 가진 동독인들은 적지 않다. 이들은 연금을 받더라도 아주 낮은 액수가 된다. 평생을 일을 해도 최저 생계비에도 못 미치게 되는 셈이다(Spiegel online, 2010. 3. 17).

슈뢰더의 사민당 정부는 2003년에 경제적 사정으로 연금부담액을 제대로 지불할 수 없는 이들을 위한 법안을 마련했다. 600유로보다 낮은 연금을 받는 사람들에게 보조금을 주어 600유로가 되게 보상해 주는 것이다. 독일경제연구소의 연구 결과에 의하면 현재의 상당한 동독 노동자들은 그 연금액이 600유로를 수준에 그치거나, 그것에 못 미쳐 국가의 보조를 받아

야할 가능성이 높다는 것이다. 평생을 일해도 최저 생계비도 못 버는 셈이 되었다는 것이다. 특히 학력이 낮거나 자격증이 없는 사람들은 연금 액수가 많이 적어 국가의 지원이 있어야 최저 연금액인 600유로를 받게 될 것이다.

위의 도표에서 알 수 있듯이 독일인들의 연금은 구매력으로 따지면 앞으로 점차 줄어들 가능성이 높다. 그나마 사정이 가장 나은 편은 서독의 남자들이다. 1967년에서 1971년 사이에 출생한 서독 남자들이 연금을 받게 될 경우에 평균 1,090유로를 받는다. 물론 이것도 1937년에서 1941년 사이에 태어난 서독 남자들이 받는 연금액수의 90%에 불과하다. 동독의 경우에 적지 않은 사람들이 노후에 빈곤에 시달리게 될 것이다. 곧 연금 상태에 들어갈 동독 남자들은 900에서 1천 유로를 받게 되어 그나마 사정이 낫다. 하지만 1962년에서 1971년 사이에 태어난 동독 남자들이 연금 상태에 들어가게 될 경우에 600유로가 될 것이다. 독일 연금의 문제는 바로 이것이다. 평생동안 꼬박꼬박 연금 분담액을 지불해도 실질적으로는 받는 연금 수령액은 현재 연금으로 살아가는 사람들보다 실질 금액이 더 적다는 데 있다.

여자들의 경우에는 동서독 똑같이 연금액이 상승하게 될 것이다. 서독의 여자의 경우는 교육기간과 취업기간이 이전 세대보다 길어서 449유로에서 591유로로 상승하게 될 것이다. 동독 여자들도 연금액이 상승하게 될 것이다. 1947년에서 1951년 사이에 출생한 동독 여자들은 800유로까지 받게 될 것이나. 그렇지만 이후에 태어난 동독 여자들의 연금액수는 심지어 500유로보다 적게 될 것이라는 주성이다(Spiegel online, 2010. 3. 17)

독일인의 평균 연금은 806유로이다. 남자는 여자보다 더 많이 받는다. 현재 동독인들의 연금이 1,011유로로 서독 남자보다 55유로 많다. 동독인들은 평생 일을 했고 통일 조약의 혜택을 보기 때문이다. 그런데 1990년 이

도표 21. 독일인 연금 수령액과 그 비율(SZ, 2008. 4. 22)

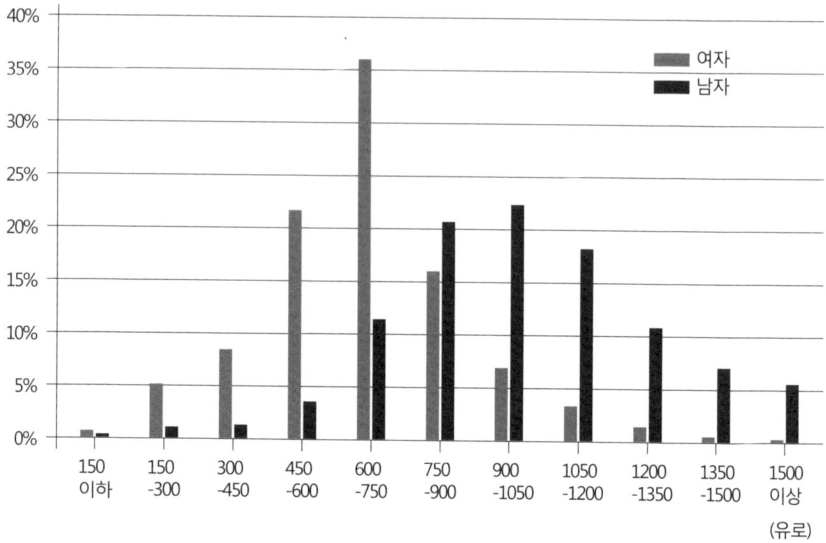

후 실업자가 되어 하르츠 IV를 받는 사람들은 월 2.19유로를 연금으로 계산한다. 10년간 실업자였다면 나중에 매달 21.90유로를 연금으로 받게 되어 연금 수령액은 아주 낮아지게 된다.

대체적으로 2030년에는 지금보다 연금액이 20%로 적어진다. 연금 생활자 중에서 37만 명이 사회보장제도 혜택을 받고 있다. 이것은 최저 생계비를 말하는데, 기본이 347유로이다. 여기에 추가적으로 지역에 따라 임대료와 난방비가 차등 지급된다. 현재 독일의 평균 최저 생계비는 660유로이다(SZ, 2008. 4. 22)

〈도표 21〉을 보면 두 가지 사실이 눈에 띈다. 하나는 남자가 여자보다 연금 수령액이 많다는 사실이다. 또 다른 하나는 독일 정부 규정인 최저 생계비 600유로를 받지 못하는 사람들이 적지 않다는 것이다. 현재의 사정이 이러한데, 앞으로의 연금 사정은 더 어렵다는 것을 알 수 있다. 즉 노후에

도표 22. 독일인의 자산변동(Die Zeit, 2009. 6.25)

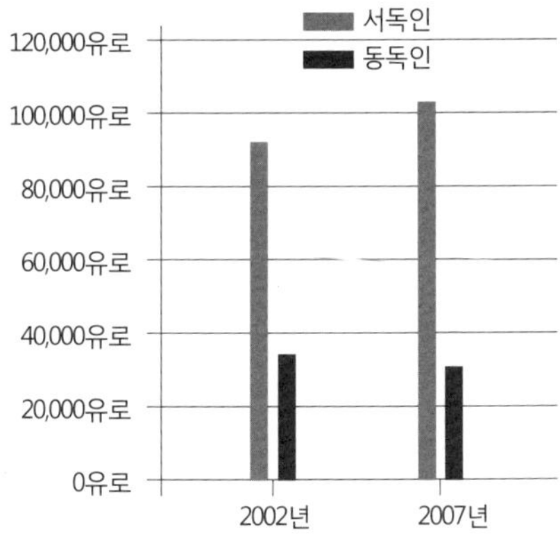

연금만으로 빈곤을 벗어나는 것이 많은 사람들에게 쉬운 일은 아니다.

노후의 경제적 안정에 주요한 역할을 할 수 있는 것이 개인의 자산이다. 〈도표 22〉는 독일인들의 평균 보유 자산을 보여 준다. 2002년과 2007년 사이에 독일인들의 자산 변동을 보여주고 있다. 서독인들의 경우에 2007년의 자산은 2002년에 비해서 11% 증가하여 평균 101,208유로를 보유하고 있다. 반면에 동독인들은 2007년의 자산이 5년 전보다 오히려 10% 줄어들어 34,029유로에서 30,723유로가 되었다. 동독의 집값이 떨어진 것과 실업자가 늘었기 때문이라고 한다(Die Zeit, 2009. 6. 25).

이것은 빈곤의 악순환이다. 통일이 되자마자 연금에 들어간 동독 사람들은 통일의 가장 큰 수혜자라고 할 수 있다. 하지만 그 다음 세대부터는 실업과 저임금으로 인해서 연금 분담액을 제대로 붓지 못한 사람이 많다. 그래서 나중의 연금 수령액도 줄어들게 되었다. 그나마 가지고 있는 부동산의 가격도 동독은 오히려 떨어지고 있다. 더 나은 미래를 위해서 많은 젊은이들이 서독으로 떠나는 것은 무리가 아니다.

2. 동독인의 끝없는 서독행

1) 동독은 끊임없이 인구가 줄어든 나라

동독은 지구상에서 아주 특이한 나라이다. 동독 인구는 1949년 건국 이래로 계속 줄어왔기 때문이다. 통일된 지 20년이 되었지만 여전히 동독의 젊은이들은 서독으로 향하고 있다. 언제 그 행렬이 끊어질지 현재로서는 알 수가 없다. 통일 이전에는 정치적인 이유에서 또 개인의 자유를 찾아서 서독행을 택한 경우가 많았다. 하지만 통일 후에는 좀더 나은 경제 사정을 위해서 서독행을 택했다.

특히 인구가 많이 줄어든 지역의 공공 재정 사정은 심각하다. 특히 동독 북부의 3개 주, 즉 메클렌부르크-포어포메른, 브란덴부르크, 작센-안할트의 인구가 많이 줄었다. 문제는 앞으로 인구가 더 줄어들 것이라는 것이다. 그래서 이들 3개 주는 몇 년 전부터 3개 주를 합치거나 행정 구역을 조정하여 공공 재정을 줄이려고 하고 있다. 학교, 유치원뿐 아니라 병원도 문을 닫아야 할 형편이다. 대중교통도 줄이거나 없애야 하고 가로등도 제대로 켤 수 없다.

그나마 남부의 작센주와 튀링겐주는 덜 심각하다. 그런데 인구 50만 명 정도인 라이프치히, 드레스덴은 그나마 인구 감소가 중단되었다. 그렇지만 바이센펠스와 비텐베르게와 같은 과거의 공업도시들은 폐허로 변했고, 작은 규모의 중소 도시들에서는 지금도 사람들이 고향을 떠나고 있다. 앞으로 동독 지역의 소규모 도시들은 인구 감소로 인해서 사라질 운명이다. 북부의 가난한 3개 주든 남부의 재정 사정이 나은 2개 주든 마찬가지다. 동독 지역에서는 이처럼 통일 후에 '새로운 게르만 민족의 대이동'이 시작된 것이다.

〈도표 23〉은 동독과 서독 지역에서의 인구 변동을 나타낸 것이다. 동독과 서독은 한반도에서보다 1년 늦은 1949년에 각각 독립정부를 세운다. 1949년 이전의 숫자는 건국 이전 인구 변동을 말한다. 동독의 경우 제2차 세계대전이 끝난 직후 잠시 인구가 늘어난다. 전후 귀환자와 사회주의 동조자들이 동독 지역에 몰려들었기 때문이다. 그 한 번을 제외하고는 동독 지역의 사람들은 반세기가 넘도록 계속 서쪽으로 몰려든다(Geißler, p. 50).

동독은 1949년 건국이 된 이후부터 1989년 국경선이 개방될 때까지 주민 350만 명을 잃었다. 동독 체제에 불만이었던 이들은 합법, 불법 등 온갖 수단을 다해 서독으로 이주했다. 또 정치범으로 감옥에 있던 사람들을 동독 정부는 1인당 3만에서 5만 마르크를 받고 서독으로 넘겼다. 물론 서독으로 갔다가 취업이 어려워 다시 고향으로 되돌아온 동독 사람들도 있다. 이들은 대개 취업 자격증이 없거나 또는 취직을 하지 못한 사람들이다. 그

도표 23. 동서독 지역의 인구변동(Geißler, p.50)

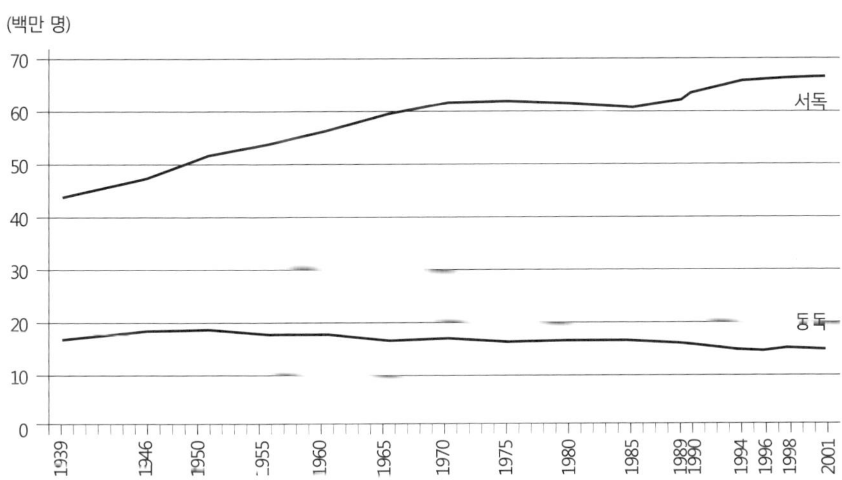

렇지만 학력과 경력 또는 자격증이 있는 젊은이들은 그냥 서독에 눌러 앉았다. 거꾸로 서독 사람들 중에서 18만 5천 명 정도는 이 기간 동안에 동독의 사회주의를 동경해 동쪽으로 이주를 했다. 동독으로 이주한 서독 사람들과 다시 귀향한 동독인들을 합쳐 봐야 모두 50만 명 정도이다. 동독이 순수하게 잃은 사람은 300만 명 정도인데, 이들은 숙련공과 전문인력들이다 (Schroeder, pp. 108-109)

동독은 이렇게 고급 인력을 지속적으로 잃게 됨으로써 경제 발전에 많은 어려움을 겪게 된다. 동독이 키운 고급 인력이 서독으로 떠난다는 것은 서독의 입장에서 보면, 고급 인력을 동독으로부터 무상으로 공급받는 셈이 되었다. 이것이 동독이 장벽을 쌓게 된 주요 이유이다. 실제로 동독 장벽이 가설된 이후에 동독을 떠나는 사람도 줄어들었고, 체제도 많이 안정되었다. 그럼에도 동독을 떠나고 싶은 사람들은 온갖 위험을 무릅쓰고 서쪽으로 갔다. 육지, 바다, 공중을 통해서 또는 외국을 거쳐 서독으로 떠났다. 동독은 떠나간 인력을 되돌려 달라고 서독에 압력을 가했지만, 별 성공을 거

도표 24. 동독 탈출자와 서독행 출국 신청자(Schroeder, p. 110)

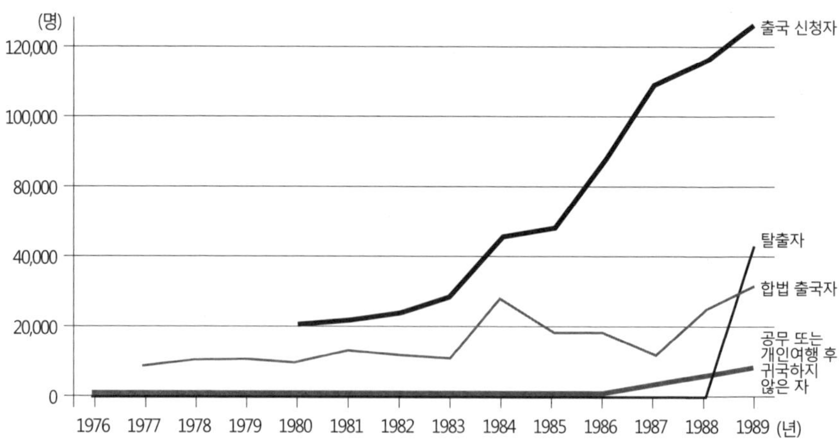

두지 못했다.

〈도표 24〉는 동독을 합법 또는 불법으로 떠난 사람과 동독을 떠나겠다고 신청서를 제출한 사람을 나타내고 있다. 동독을 떠나겠다고 신청한 사람들은 시간이 지나면서 점점 늘어난다는 것을 알 수 있다. 적지 않은 수이지만 개인 여행을 하거나 또는 공무 여행을 하러 갔다가 동독으로 돌아오지 않은 사람도 있었다는 것을 알 수 있다. 1975년 헬싱키 결의에 의해서 동독은 출국 신청서를 받도록 되었다. 동독 정부는 전과자, 정치범들에게 아예 서독 망명을 허락하여 사회안정을 도모하려고 했다. 또 연금 생활자의 서독 망명을 허락하여 연금지불액을 절약하려고 했다.

그렇지만 이 정책이 가져온 부작용이 적지 않았다. 많은 사람들이 이들의 서독행을 보고 자신도 서독으로 이주할 가능성이 있다고 보았다. 그래서 서독으로 이주 신청을 한 사람들이 점점 늘어나게 된다. 물론 그 대가는 상당했다. 망명 신청자들은 적어도 몇 년을 기다려야 하는데, 이 기간에 이웃과 친구 그리고 동료들로부터 배신자 취급을 당했다. 또 슈타지에 의해서 감시와 혹독한 탄압을 받았고 또 감옥으로 보내진 사람들도 많았다. 그 감옥에서 긴 세월을 보내거나 죽는 경우도 있었다.

2) 동독 인구는 더 줄어들고 빠르게 노령화될 것이다

독일의 남독신문은 2007년 12월 27일자 6면을 크게 할애하여 동독의 한 도시를 소개했다. 이 도시는 동서독 장벽이 무너진 후 동독 도시들이 변해 가는 모습을 좀 극단적으로 보여 주었다. 동서독 국경선이 사라진 다음 동독의 도시에서는 한결같이 인구가 줄어들었는데, 인구 감소로 인한 이 도시의 변화는 급격했다. 이 도시는 동독의 작센 주에 있는 호이어스베르다이다. 남독신문은 이 도시의 성장에서 몰락까지의 모습을 생생하게 소개했다.

호이어스베르다는 1991년 외국인 테러 사건 후에 동독 극우 테러의 대명사로 이름이 나 있다. 인구 7천 명의 조그만 도시는 동독 정부에 의해서 갈탄 채굴 중심지로 탈바꿈한다. 동독 정부는 서독으로부터 수입되던 석탄에 의지하지 않고 이곳에서 갈탄을 채굴하여 에너지 문제를 해결하려고 했다. 갈탄을 채굴하기 위해서 5만 명의 노동자가 이곳으로 몰려들었다. 이들 탄광 노동자들이 묵을 집을 짓기 시작하면서 갑자기 성장한 도시가 호이어스베르다이다.

짧은 시간에 많은 집을 지어야 했다. 그래서 개발해 낸 건축 기법이 콘크리이트 벽면을 기계로 찍어내어 짧은 기한 내에 아파트를 짓는 것이었다. 넓찍한 널판지 같은 것을 독일어로 플라테(Platte)라고 하는데, 이런 플라테를 연결하여 지어진 건물을 플라텐바우(Plattenbau)라고 한다. 우리가 살고 있는 아파트를 독일어로 그렇게 부른다고 생각하면 간단하다. 오늘날에도 동독 지역에 가면 이런 아파트를 많이 볼 수가 있다.

통일 전 동독에서는 이 건물에 사는 것을 자랑스러워했다. 공동 화장실을 굳이 이용하지 않아도 되었고, 겨울에도 따뜻하게 지낼 수 있었기 때문이다. 그런데 통일이 되자 사정이 좀 달라졌다. 똑같은 규격에 개성이 없는 이 건물을 서독 사람들은 높이 평가하지 않았기 때문이다. 서독 사람들은 개인 주택 또는 빌라 같은 작은 규모의 집을 선호한다. 그것도 아주 오래된 건물이거나 아니면 아예 최신 건물을 좋아한다. 그런 삶의 방식과 미적 감수성은 동독에서는 낯설다. 여기에서도 동서독 간의 문화 차이를 알 수 있다.

호이어스베르다의 갈탄 채굴 및 가공 시설은 유럽에서 그 규모가 가장 컸다. 갈탄을 캐고 가공하던 사람들은 여기에 자신들이 살 새로운 신도시를 건설했다. 사회주의 건설의 이상향이 여기서 이루어지는 듯했다. 그런데 갑자기 통일이 다가왔다. 갈탄은 이제 경쟁력이 없었다. 서독의 루르 지방 탄광도 문을 닫았는데, 동독의 이 지역이 경쟁력을 갖출 리가 없다. 통일 후에 이곳 탄광이 문을 닫자, 사람들은 동독의 그 어떤 도시보다 서둘러 이 도시를 떠나기 시작했다.

호이어스베르다의 주민은 갈탄 채굴이 시작된 후 10배나 늘어나 통일 직전에는 그 수가 7만 2천 명이 되었다. 그렇지만 통일 후에는 갑작스레 인구가 자꾸 줄자 주변 농촌 지역의 행정 구역과 합쳤다. 그럼에도 불구하고 2007년 말에 이곳에 살고 있는 주민은 4만 명에 불과했다. 이조차도 앞으로 계속 줄어들 것으로 예상된다. 일자리라고는 부품 공장 서너 개뿐이기 때문이다. 젊은이들은 지금도 일자리를 찾아 서쪽으로 계속 떠나고 있다. 앞으로 인구가 10년 안에 1만 5천 명 더 줄어들 것이라고 한다. 그리고 주민의 반 이상이 연금 생활자가 될 것이다. 도시 전체가 하나의 거대한 경로당이 되는 셈이다.

〈도표 25〉는 독일의 인구가 2006년에서 2025년 사이에 어떻게 변할 것인가를 보여 준다. 색이 진할수록 인구 감소의 폭이 클 것으로 예상된다. 동독 지역의 대부분은 인구가 2025년까지 10% 이상 줄어들 것으로 추정된다.

그래서 호이어스베르다와 같은 도시들은 지자체의 살림살이 규모를 많이 줄여야 한다. 지금은 사람도 살지 않는 곳까지 가로등을 켜고 있다. 사람들이 떠난 텅빈 집들만 있는 곳에 가로등이 서 있지만, 시설을 그것에 맞게 아직 고치지 않았기 때문이다. 그것뿐이 아니다. 주민 수가 줄어들어 하수도의 수압이 낮아지면서 물이 제대로 빠지지 않아 냄새가 나는 곳도 적지 않다. 사람도 떠나고 기업도 거의 없으니 세수가 적어져서 지자체 운영이 점점 더 어려워지고 있다.

도표 25. 독일 인구 변동 추정

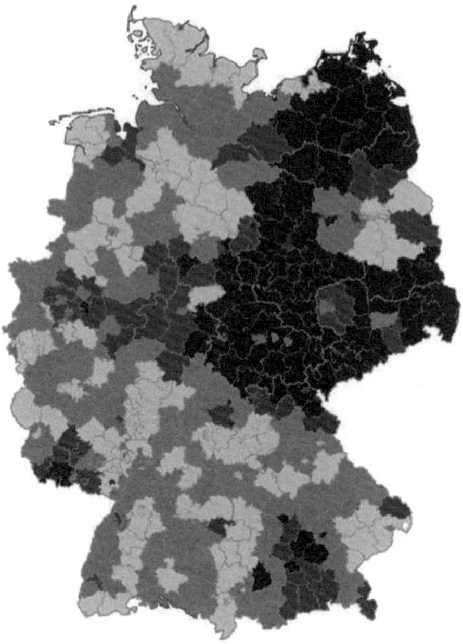

호이어스베르다에는 2만 7천 개의 주거공간 중에서 벌써 1/4이 헐렸다. 거기다 앞으로 5천 호가 더 헐리도록 계획되어 있다. 이대로 간다면 4,300호의 철거 계획도 곧 세워야 할지 모른다. 헐리고 있는 집들 중에는 1980년대 세워진 집들도 있다. 40여 년 전부터 성장만 해 오던 도시의 규모를 갑자기 줄이려다 보니 뭘 어떻게 해야 되는지 생각하기가 쉽지 않다. 이 도시와 비슷한 도시가 브란덴부르크 주에 있는 슈베트라는 도시이다. 원래 주민 6천 명의 작은 도시였다. 1960년대 초에 정유공장이 들어서자 인구는 갑자기 5만 4천 명으로 늘었다. 그러다 통일이 되자 주민의 1/3이 도시를 떠났다. 그리고 남은 주민 중에 1/4은 실업자가 되었다.

독일 정부는 동독의 빈집을 철거할 계획을 세웠다. 주민이 늘어날 가능성이 없기 때문이다. 2009년까지 35만 채의 집을 철거하기 위해 25억 유로를 지원했다. 그런데 이렇게 철거된 집중에는 통일 직후에 많은 돈을 들여 새로 고치거나 지은 집들이 적지 않다. 1991년부터 1999년까지 동독 지역에는 77만 채의 주거 공간이 매물로 나왔다. 이 중 69만 채는 새로 지은 주거 공간이다. 그리고 동독 시절 주택의 3/4이 수리되거나 현대화되었다 (Bisky, p. 81). 독일 정부는 폐허와 다름없던 동독의 주거 시설을 개량하기 위해 많은 세금혜택을 주었다. 사람들이 동독을 떠나자 독일 정부는 그 건물들을 다시 철거할 계획을 세웠다. 돈을 지원하여 고치거나 새로 지은 집들을 다시 철거하는 데 세재 지원을 하는 것이다. 세금 혜택을 주어 짓게 했다가 이제는 다시 세금 혜택을 주어 그 집을 다시 허물게 하고 있다.

이렇게 주민이 떠나고 난 빈자리에는 벌써 멧돼지가 나타나 돌아다닌다. 지붕 위에는 나무들이 자라고 아스팔트 길에도 풀들이 자라난다. 숲의 나무를 잘라내고 아파트를 지었는데, 자연이 자기의 원래 자리를 되돌려 달라고 하는 듯하다. 동독의 도시 가운데에서 그 규모가 줄지 않을 도시는 라이프치히, 드레스덴, 포츠담 등 몇몇 도시밖에 없다. 라이프치히같은 도시는 주민이 줄어들자 행정 구역을 몇 번 바꾸어 주변 도시들을 편입했다. 라이프치히의 인구가 감소가 그칠 듯한 징후를 보이자 도시 관계자는 현재 안도의 숨을 내쉬고 있다. 라이프치히와 드레스덴은 예외라고 하지만, 도시 중심부만 조금 벗어나면 빈집은 곳곳에 눈에 띈다. 마치 전쟁을 피해 주민들이 피난을 간 느낌이다. 밤이 되면 전기불을 켠 집이 거의 없다. 도시가 폐허가 된 느낌이다. 이보다 작은 도시는 더 심하다. 사람이 살고 있는지 의심갈 때가 많다. 도시가 작으면 작을수록 그 미래가 불확실한 것이 동독 도시의 현실이다.

동서독 경계가 사라진 후부터 지금까지 300만 명 정도의 동독인들이 고향을 떠났다고 한다. 물론 이 통계를 내는 것은 쉽지 않다. 그래서 통계를 잡는 기관에 따라 약간의 차이가 있는 것이 사실이다. 그럼에도 공통적인 분석은 앞으로도 동독의 젊은이들이 계속해서 서독으로 향할 것이라는 것이다. 특히 작은 도시의 경우는 인구 변동이 더 심하게 나타날 것이라는 것이다. 작은 도시에는 일자리가 대체적으로 더 적기 때문이다. 앞서 언급한 바 있는 호이어스베르다에는 갈탄 채굴이 끝나자 산업 시설이라고는 종이 공장과 부품 공장 두셋뿐이다. 실업률은 공식적으로 18%이다. 남아 있는 젊은이들은 실업자로 바로 전락할 것이다. 서독으로 가는 것을 유일한 해결책으로 느끼는 것이 무리는 아니다.

젊은이들이 서독으로 떠나니 동독의 많은 도시들은 우리나라 농촌처럼 노인들만 살게 된다. 괴어리츠와 같은 도시들은 청년들을 묶어놓을 대안이 없으니, 오래전에 서독으로 떠난 노인들을 다시 불러들이는 묘안을 내고

도표 26. 2006년 대비 2025년의 주민 평균연령 추정

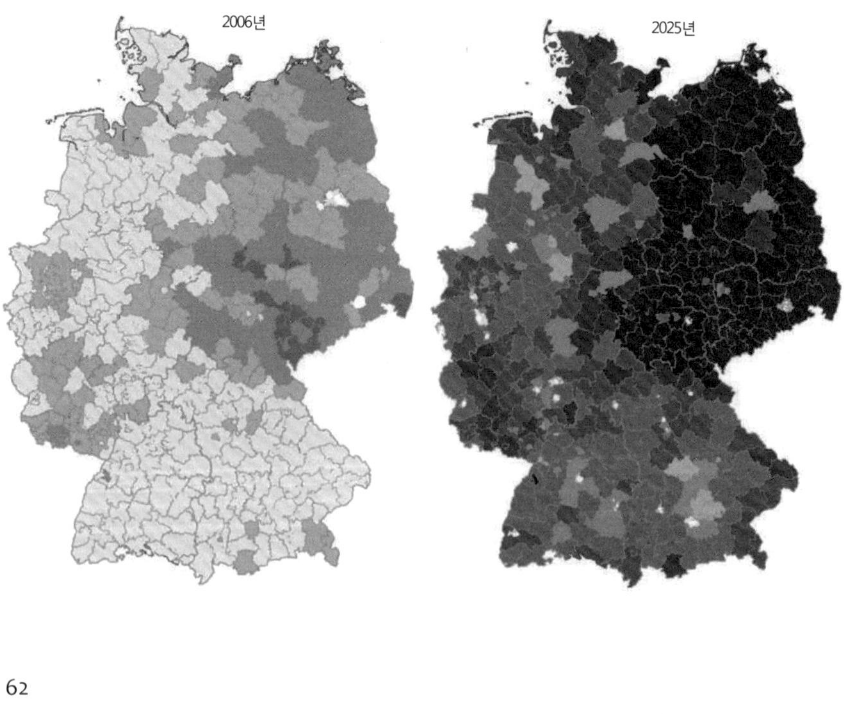

있다. 젊어서는 서독에 가서 돈벌이를 했지만 이들에게 고향에 대한 향수가 있을 것이라고 생각하고 귀향하는 노인들에게 세금혜택과 같은 정책적 배려를 하는 것이다. 사람이 없는 것보다도 낫기 때문이다. 이래저래 동독의 도시들은 노령화가 서독보다 훨씬 빠르게 진행되고 있다.

〈도표 26〉은 주민들의 평균 연령을 추정한 것이다. 2006년의 경우 서독은 대체적으로 평균 연령이 42세 미만, 동독은 44세 정도이다. 그런데 2025년이 되면 동독 지역의 변화가 눈에 띈다. 동독의 거의 모든 지역에서 주민의 평균 연령이 52세를 넘어서게 된다. 주민 연령이 낮은 곳은 경제사정이 좋거나 대학 도시이다(Spiegel online, 2008. 12. 8).

그뿐이 아니다. 독일은 점점 늙어간다. 2025년까지 80세 이상의 고령자는 2006년보다 70% 증가하여 독일 전체 인구 중에서 8%를 차지할 것이다. 물론 이 비율이 가장 높은 곳은 동독이다. 작센주의 호이어스베르다는 무려 15.3%, 튀링겐주의 줄은 12.7%, 작센-안할트주의 데사우는 12.1%에 도달할 것이다(Spiegel online, 2008. 12. 8). 이렇게 주민이 서독으로 떠나고 노인들은 세상을 떠나, 동독 인구는 계속 줄어들고 있다.

현재 동독에는 젊은 사람들은 일자리를 찾아 도시로 나가고 시골에는 우리나라 농촌처럼 노인들만 있는 경우가 많다. 이 노인들이 세상을 떠나면 이런 작은 도시들은 폐허화될 가능성이 높다. 물론 이것은 일자리가 없는 서독의 경우도 마찬가지다. 그래서 독일의 많은 지역에서는 사람들이 일자리가 있는 도시로 다시 이주를 시작하여, 도시화는 동서독에서 같이 진행되고 있다. 동독은 드레스덴, 포츠담, 라이프치히로 몰려들어 2025년까지 주민이 5%가량 늘어날 전망이다. 반면에 같은 동독 지역의 켐니츠는 15%, 할레는 12%, 로스토크는 8.6% 정도가 줄어들 것이다. 서독의 경우도 뮌헨은 11.7%, 쾰른은 5.8% 함부르크는 3.9% 인구가 늘 것이고, 하겐은

도표 27. 통일 전후부터 동독을 떠난 사람 수(Müller, p. 122)

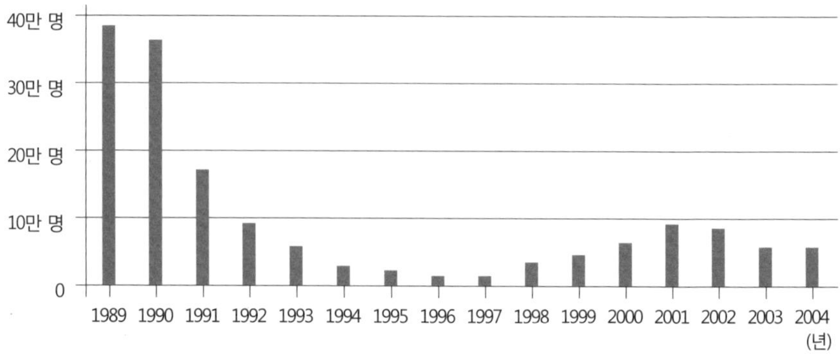

10%, 겔젠키르헨은 10% 볼프스부르크 8.7%가 줄 것이다(Spiegel online, 2008. 12. 8).

동독 전체가 그래도 완전한 경로당이 되지 않을 수도 있다는 도시가 몇 군데 있다. 대학 도시와 산업도시, 예를 들면 라이프치히, 드레스덴, 예나, 마그데부르크, 포츠담 등이 그것이다. 이 도시들은 젊은이들이 많이 몰려 있는 곳이다. 29세까지의 젊은이들이 1인 가계를 꾸리는 비율이 25%를 넘는 곳이다. 동독 관계자들의 꿈은 이들 젊은이들이 그곳에 자리를 잡아 계속 살아가기를 희망한다. 일자리가 있을 때나 그것이 가능할 것이다. 그렇지 않으면 동독은 인구가 계속 줄어들 것이다.

〈도표 27〉은 통일 전후에 동독을 떠난 사람을 나타낸다. 1989년에는 388,396명이, 1990년에는 395,343명이 동독을 떠났다. 이렇게 많은 사람이 고향을 버리고 서독으로 향했다는 것은 동서독 정부 양쪽에 큰 압력이 될 수밖에 없었을 것이다. 문제는 통일 후에도 아직도 동독 사람들이 서쪽으로 향하고 있다는 사실이다. 독일통계청이 조사한 바로는 1989년 1월부터 2005년 말까지 동독을 떠난 사람들은 3,423,988명이다. 이 기간 동안에 동독으로 이주한 사람은 1,806,345명이다. 그러니까 통일 후에 동독을 떠

표 6. 동서독 인구 이동(Müller, p. 120)

	1990년 12월 31일	2004년 12월 31일
동독	1475만 명	1348만 명
동독과 베를린	1819만 명	1686만 명
서독	6157만 명	6564만 명
독일 전체	7975만 명	8250만 명

난 사람은 1,617,643명이다(Schroeder, p. 408). 이 숫자면 우리나라의 광주 시민 또는 대전 시민 모두가 떠난 것과 마찬가지다.

1990년 12월 31일과 2004년 12월 31일 사이에 동독 사람들이 서독 또는 베를린으로 이주했다(〈표 6〉). 이 기간 동안에 동독 인구는 8.6%가 줄었고, 베를린과 동독을 합산하면 7.31%가 줄었다. 서독에는 이렇게 동독 사람들의 이주로 인해서 6.61%가 늘었다.

19세기 말, 통계학회에서 규정한 대로 인구 10만 명 이상의 '대도시'를 살펴보자. 이 중에서 인구가 늘어난 곳은 포츠담뿐이다. 베를린 사람들이 환경이 더 좋은 곳으로 이사했기 때문이다. 포츠담은 유일한 예외이고 동독의 도시 가운데에 인구가 줄지 않은 곳은 단 한 곳도 없다. 대도시 중에 인구가 가장 적게 줄어든 곳은 예나이다. 그런데 할레와 슈베린은 주민이 무려 23%가 줄어들었다. 나머지 도시들도 실제는 더 줄었을 가능성이 있다. 대개의 동독 도시들은 인구가 줄어들자 주변 마을들을 행정 편입했기 때문이다.

서독으로 떠난 사람들은 나이를 보면 주로 젊은이들이다. 학력이 높고 자격증을 소지한 사람들이 대부분이다. 또 남자들보다 젊은 여자들이 더 많이 떠났다. 그렇기 때문에 동독에는 결혼 적령기의 여자가 부족한 현상

표 7. 동독 대도시들의 인구 변동(Müller, p. 125)

	1990년 10월 3일	2004년 12월 31일	증감(%)
라이프치히	511,079	498,491	-2.5
드레스덴	490,571	487,421	-0.6
할레/잘레	310,234	238,497	-23.12
켐니츠	294,244	248,365	-15.59
마그데부르크	278,807	226,675	-18.70
로스토크	248,088	198,993	-19.79
에르푸르트	208,989	202,450	-3.13
포츠담	139,794	145,707	+4.23
게라	129,037	105,153	-18.51
슈베린	127,447	97,110	-23.80
콧부스	125,891	106,415	-15.47
츠비카우	114,632	98,742	-13.86
예나	102,518	102,442	-0.01
합계	3,081,331	2,756,461	-10.54

이 생겨났다. 20-30세 사이의 남자를 100으로 잡았을 때 이 나이 또래의 여자가 몇 명이 있는지를 보았다. 독일 전체적으로 97인 데 비해서, 동독의 모든 주에서 여자가 부족하다. 〈도표 28〉에서 알수 있듯이 베를린을 제외하면 동독 전체는 85로 20-30세 사이의 여자가 많이 부족하다. 그래서 폴란드 국경 지역에서는 폴란드 또는 동유럽 여자와 결혼하는 경우가 드물지 않다. 이 현상은 앞으로도 당분간 지속될 것이다(Müller, p. 115).

도표 28. 동독에서 결혼 적령기의 여성 부족 현상(Müller, p. 115)

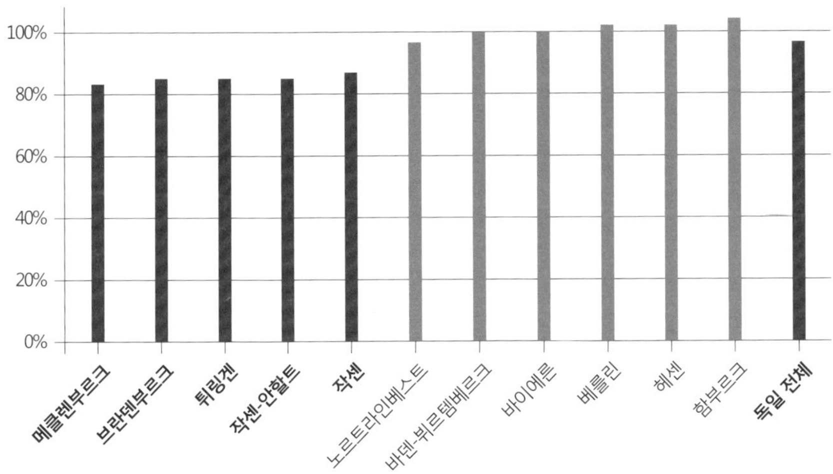

3. 동독에서의 외국인 적대세력

1) 외국인 테러를 통한 자기정체성 확인

동독 사회의 특징 중의 하나가 외국인 혐오증이다. 지구상의 그 어떤 지역에도 외국인 혐오증이 없는 곳은 없다. 동독에는 외국인이 그리 많지도 않은데 외국인 적대 세력이 활성화되어 있다. 과거 동독 정부는 외국인 배격세력은 없다고 하면서 그런 세력은 서독에나 있는 것이라고 주장했다. 사회주의 이념을 추구하는 동독에는 우파적 사고는 빛을 볼 수 없으며, 외국인을 적대시하는 우파는 자본주의 사회인 서독에만 있다고 주장했다. 과거 동독 학교 등에서 외국인을 혐오하는 낙서가 발견되었다고 보도가 되기도 했지만, 동독 정부는 즉각적으로 부인하면서 서독 스파이가 한 짓이라고 주장했다. 실제 많은 사람들은 좌파 이념이 주도한 동독 사회는 서독과는 다를 것이라고 믿었다. 그렇지만 통일이 되자마자 동독에는 일련의 무자비한 외국인 테러가 연이어서 벌어졌다. 더욱이 그 과도한 폭력성이나 일반인들의 지지는 많은 사람들을 충분히 놀라게 하고도 남았다.

더욱이 놀라운 것은 동독의 지식인들, 예를 들면, 작가인 모니카 마론, 사회평론가 옌스 비스키 등은 동독인들이 얼마나 차별받는지에 대해서는 열심히 주장하고 있다. 그렇지만 동독인 지식인 가운데 그 누구도 동독에서의 외국인 차별에 대해서 말하지 않는다. 동독에 사는 외국인들은 차별받는 것을 넘어 직접적 폭력을 당하고 있다. 그러면서도 2006년 월드컵이 독일에 열렸을 때 동독의 각 주들은 본선 진출 외국인팀들의 베이스캠프를 유치할려고 노력했다. 하지만 우크라이나 한 팀을 제외하고는 모두가 서독에 베이스캠프를 두었다. 왜 그런지에 대해서 아는 동독 사람은 별로 없는 것 같았다.

1990년 통일 후 동독에서 벌어진 외국인 테러 사건은 손으로 꼽을 수 없이 많다. 우선 외국에까지 널리 알려진 사건만 세어 보자. 1991년에 호이어스베르다, 1992년 로스토크, 2007년에 뮈겔른, 2009년 드레스덴 사건이 있다. 그 이외에도 언론에 크게 보도되지 않은 나사우, 포츠담 등 동독에서의 외국인 적대 사건은 끝이 없다. 외신에까지 크게 알려지지 않은 외국인 테러 사건까지 꼽으면 외국인에 대한 폭력 사건이 벌어지지 않은 도시가 없을 것이다. 서독의 경우에 외국인 폭력 사건이라면 단독 범행이거나 소규모 그룹에 의한 것이다. 그런데 동독 지역의 외국인 적대 세력은 그 규모가 크고 동독 주민들의 적극적 또는 암묵적 지원을 받아 일어난다는 데 문제의 심각성이 있다. 그보다 심각한 것은 동독인들은 그것이 어떤 의미가 있는지도 모른다는 것이다.

통일이 된 1년 뒤인 호이어스베르다에서의 외국인 테러 사건은 온 세상을 깜짝 놀라게 했다. 외국인에 대한 무자비한 공격과 시민들의 지지 그리고 공권력의 무관심과 늑장 대응은 히틀러의 공포를 상기시키기에 충분했다. 1991년 호이어스베르다는 약 1주일 동안 무정부상태였다. 극우파들은 주민들의 환호를 받으면서 베트남 상인, 무잠비크 노동자들의 숙소, 망명신청자들의 숙소를 무차별 공격했다. 경찰은 손도 쓰지 못하고 (아니면 손도 쓰지 않고) 구경만 했다. 결국 작센주는 호이어스베르다에 있는 외국인들을 모두 다른 곳으로 이주시켰다.

호이어스베르다 사건의 충격이 채 가시기도 전에 또 다시 로스토크에서 외국인 테러 사건이 일어났다. 1992년 로스토크의 극우파들은 망명신청소 앞에서 서류 접수를 몇 주째 기다리던 외국인들을 습격했다. 몇 백 명의 이들 젊은이들은 돌맹이를 던지며 외국인들을 무차별적으로 공격했다. 이웃 건물로 도망쳐 들어간 외국인들을 추격하면서 공격했다. 또 이들은 2천여 명의 주민들의 환호를 받으면서 건물 안에 있는 사람들에 대해서 공격을 계속했다. 여기서도 호이어스베르다와 마찬가지로 경찰들은 손을 쓰지도 못했다. 외국인들이 안전한 곳으로 이주되면서 이 사건은 끝이 났다. 극우세력의 폭력이 얼마나 과격했는지는 200명의 부상 경찰 수가 말해 준다.

2007년 여름에 작센의 작은 도시 뮈겔른에서 일어난 외국인 테러 사건은 전 세계에 알려지기에 충분했다. 물론 그사이에도 동독 지역의 수많은 곳에서 크고 작은 외국인 습격 사건이 있었다. 2006년 예수승천일에만도 베를린, 비스마르, 바이마르에서 외국인 공격 사건이 벌어졌다고 슈피겔 온라인은 2006년 5월 26일자에 보도하고 있다.

2007년 여름에 인구 5만 명에 불과한 작은 도시 뮈겔른에 축제가 있었다. 한밤에 춤판이 벌어졌는데, 그곳에서 마을 주민과 축제에 참가한 7명의 인도인 사이에 사건이 벌어졌다. 춤판에서 벌어진 약간의 몸 접촉이 집단 폭행으로 이어졌다. 주민들은 이때 집단 폭행을 피해 도망가는 인도인들을 추격했다. 인도인들은 그들 중 한 명이 운영하는 피자가게로 피신했다. 마을 청년들은 피자가게 안으로까지 밀치고 들어가려고 했다. 피자가게 앞까지 따라온 마을 사람들은 "외국인은 떠나라", "이곳은 외국인 없는 곳으로 선언한다" 등의 구호를 외치며 폭력 세력을 응원했다. 이후 무장한 경찰에 의해서 인도인들은 구조되었다.

이때 동서독 언론과 정치인들 사이에 논쟁이 벌어졌다. 외국인 적대 사건은 동독적 현상이니 빨리 개선되어져야 된다는 것이 서독 언론과 연방정부 정치인들의 주장이었다. 여기에 대해서 작센 주의 동독 언론들은 외국인 적대 세력은 서독에도 있고, 뮈겔른 사건은 우발적 사건이지 외국인 적대 세력과는 무관하다고 주장했다. 또 현지 동독 정치인들도 주민 표를 의식해서 사건을 덮어 도시 이미지를 덜 손상하려고 애를 썼다. 이곳 주민들도 보복이 두려워 증인으로 나서려고 하지 않았다. 외국 테러범을 보호하려고 증언을 기피 또는 왜곡했다는 것이 나중에 드러나기도 했다.

2009년 뮈겔른에서 얼마 떨어지지 않은 드레스덴에서 또다시 외국인 살해 사건이 벌어졌다. 그것도 드레스덴 법정에서 벌어졌다. 피고가 독일 법정에서 칼로써 원고를 살해한 것이다. 이집트 여인이 아이와 함께 놀이터에 놀고 있는데, 러시아에서 이주한 독일인이 이슬람교도는 테러범이라면서 모욕을 주었다. 이에 이집트 여인은 그 독일인을 고소했다. 법정에 증인으로 증언을 한 후에 그녀는 바로 그 법정에서 판사와 수많은 사람들이 보는 앞에서 식칼에 의해서 무참히 살해되었다. 그 자리에 있던 경찰은, 부인에게 달려가던 남편을 쏘았다. 이 사건은 외국인 테러와 동독 지역의 행정적 후진성을 보여 주는 하나의 사건이다.

지금까지 소개한 사건들은 언론에서 장기간 크게 보도한 사건을 중심으로 약술한 것이다. 이 폭력들은 외국인에 가해진 테러였다. 동독 사람들은 외국인뿐 아니라 서독인 목사에게도 집단 따돌림을 가했다. 이렇게 하여 세상에 거의 알려지지 않았던 조그마한 도시는 2008년 봄에 그 이름을 널리 알리게 되었다. 이 도시는 인구 2만 5천 명의 조그마한 도시인, 튀링겐주의 루돌슈타트이다.

인도 여자와 결혼한 독일 목사가 루돌슈타트에서의 외국인 혐오증을 못 견디겠다고 하면서 이 도시를 떠났다. 주민들이 목사의 부인과 그 아이들에게 계속해서 침을 뱉고 욕설을 했기 때문이라는 것이다. 그 이후에 주민 일부는 도시 이미지가 목사 가족들 때문에 손상되었다고 목사를 고소했다. 또 튀링겐주의 신교 연합회는 서독 출신의 이 목사가 제대로 목회 활동을 했는지 변호사의 도움을 받아 확인 작업을 했다(Die Zeit, 2009. 2. 26). 이 작은 도시는 관광지로 이름을 알리려고 했다. 그래서 이미지 손상이 두려워 시청 입구에 크게 간판을 내걸었다. "우리는 외국인 친화적이다"(Wir sind fremdenfreundlich)라고. 그런데 그 독일어는 어처구니가 없는 것이었다. '낯선 이'를 나타내는 'fremde'는 나치가 이를 사용한 후에는 아주 민감한 어휘가 되었기 때문이다.

〈도표 29〉는 독일 남독신문에 게재된 것 중에서 일부를 발췌한 것이다. 여기서 분명히 드러난 것은 동독에서의 극우 세력이 행하는 폭력이 서독에 비해서 훨씬 빈번하다는 것을 알 수 있다. 동독의 모든 주가 상위 9위 안에 들었다. 2004년의 경우 동독 극우파의 폭력은 37.7%를 차지했고, 2005년에는 39.8%를 차지했다. 동독 인구가 전체의 20%가 채 되지 않는 점을 고려하면 동독에서의 외국인 테러가 빈번하다는 것을 알 수 있다(Schroeder,

도표 29. 독일 극우세력의 폭력 행위(SZ, 2007. 8. 7)

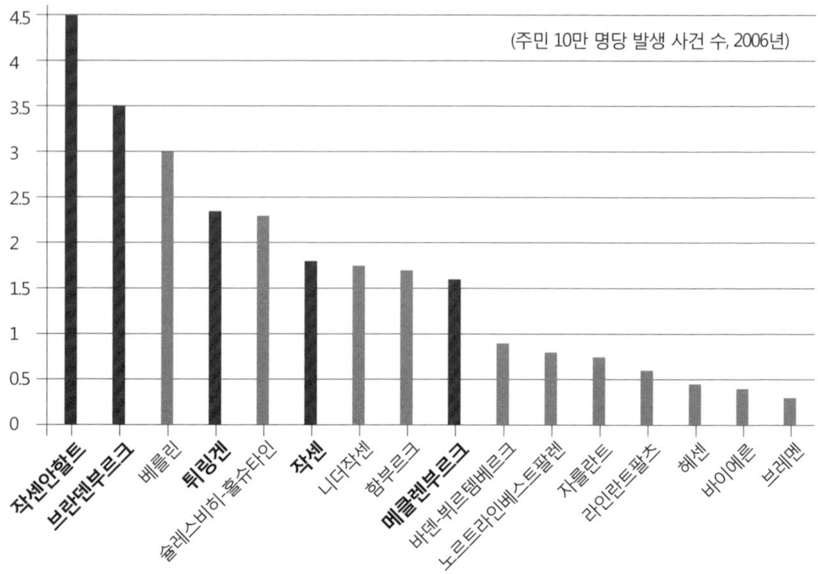

p. 438). 사회법인 인민연대는 동독에서의 외국인 적대감에 경종을 울렸다. 40%의 동독인들은 외국인에 대해서 적대적이다. 특히 실업자, 노년층, 국경 부근에 사는 사람들이 외국인을 싫어하는 경향이 높다(www.mz-web.de, 2009. 7. 20).

이것을 좀더 알기 위해서 다른 연구 결과를 참고해 보자. 이것은 빌레펠트 대학의 간문화간 갈등 및 폭력 연구소가 장기간 연구한 결과 보고이다. 즉 한 번에 이루어진 설문조사가 아니라 오랜 시간을 두고 연구한 것이기 좀더 설득력이 있을 것이다. 〈도표 30〉은 독일 주민들이 외국인에 대해서 어떻게 생각하는가를 알아본 것이다. 즉 "독일에는 너무 많은 외국인이 살고 있어 일자리가 부족하므로, 외국인들을 출신 국가로 되돌려 보내야 하는가"라는 질문에 "그렇다"고 대답한 사람의 퍼센트를 나타낸 것이다.

도표 30. "독일에 외국인이 너무 많으니 그들 나라로 돌려 보내자"라는 주장에 찬성하는 사람의 비율(Die Zeit, 2006. 12.14)

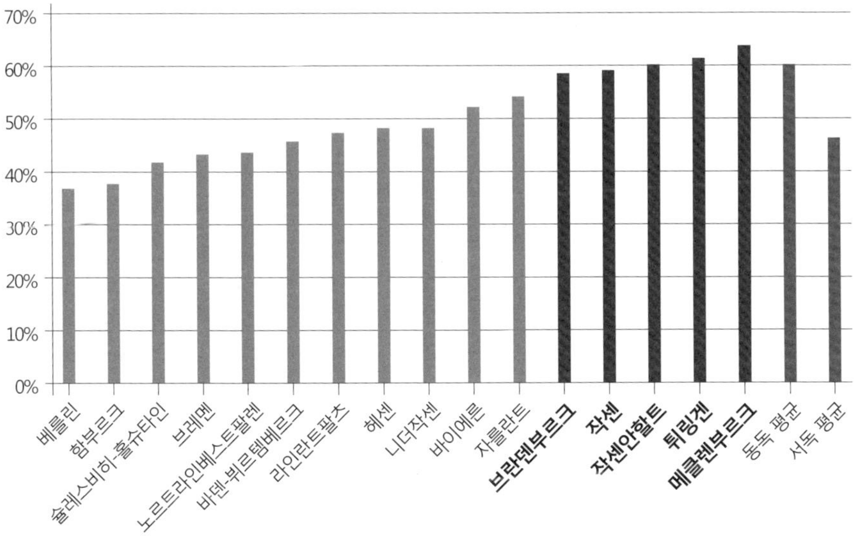

동독인의 60.2%와 서독인의 45.9%가 외국인들 때문에 일자리가 적으니 그들을 돌려보내야 한다고 대답한 것이다. 동독인이 서독인보다 무려 14% 정도가 더 많이 그렇다고 대답한 것이다. 주별로 따져 보면 동독의 5개 주는 1등에서 5등까지를 차지하고 있다.

외국인에 대해서 또 다른 인종에 대해서 적대적인 행위는 어느 나라에서든 볼 수 있다. 그럼에도 독일에서 그것이 벌어지면 그 어떤 나라에서보다도 더 많은 주목을 받는다. 그것은 유대인을 말살하려고 한 나치 역사가 있기 때문이다. 나찌는 다른 집단을 박해하는 것을 국가 이데올로기로 삼았다. 그래서 독일에서 외국인 또는 다른 종족에 대한 박해가 있으면, 세계의 모든 나라들이 독일 정부의 반응을 주목하게 된다. 특히 불행한 역사를 직접 체험한 유대인들과 독일의 이웃 국가들은, 독일 정부와 독일 언론의 반응을 주시한다.

현재 독일에는 약 700만 명의 외국인이 살고 있다. 인구의 약 9%가 외국인인 셈이다. 거기다 이미 귀화하여 독일 국적을 취득한 사람들을 합하면, 숫자는 10%를 넘어선다. 그런데 이들 대부분은 서독 지역에 살고 있다. 동독 지역에는 외국인의 비율이 서독보다 훨씬 낮아 현지 약 2%에 불과하다. 그럼에도 외국인 또는 다른 종족에 대한 적대 행위가 더 빈번하다. 외국인은 없는데 외국인 적대 세력만 활성화되어 있다.

과거 동독 시절에 약 19만 명의 외국인이 동독에 거주했다. 이들은 주로 쿠바, 콩고, 베트남에서 온 노동자들이었다. 이들은 대부분 도시 외곽에 집단 수용되어 동독 주민들과 접할 기회는 없었다. 동독 주민들은 여행을 통해서도 외국인을 접할 기회가 없었다. 동독인들은 당시에 주로 동유럽으로만 여행을 할 수 있었기 때문에, 피부색이 자신과 다른 외국인을 만날 기회는 없었다. 동독인들은 통일 후에 비로소 여러 외국인을 접할 수 있게 되었다.

문제는 통일을 체험한 세대뿐이 아니라 통일 후에 태어난 동독의 청소

도표 31. 동독인의 연령별 외국인 혐오현상(Sozialreport, p. 62)

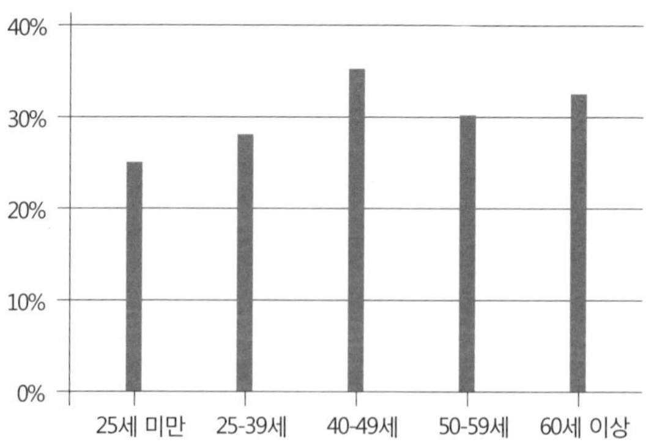

년들 사이에도 외국인 적대감이 널리 퍼져 있다는 사실이다. 니더작센의 범죄연구소 소장인 파이퍼에 의하면 14.4%의 청소년들이 외국인 적대 감정이 강하다는 것이다. 이들은 "대부분의 외국인들은 범죄자이다" 또는 "독일에 사는 외국인들은 독일 문화에 다양성을 부여하지 않는다"라는 주장에 동의한다. 특이한 것은 "외국인 적대감은, 외국인이 적게 사는 곳에 더 심하다. 외국인과의 직접 체험이 적은 곳에 편견이 가장 많다"(Spiegel online, 2009. 3. 17).

외국인에 대한 경험도 외국인과의 접촉도 없으면서 외국인을 미워하는 것이 동독 주민들에게서 쉽게 발견된다. 동독인들은 극우정당과 전체주의적 성향의 정치 세력에 대해서 적지 않은 지지를 보낸다. 이런 성향은 쉽게 외국인을 혐오하는 경향과 연관이 된다. 동독에서 외국인에 대한 적대감이 어느 정도 광범위하게 퍼져 있는가는 〈도표 31〉을 보면 알 수가 있다. 동독인의 경우에 외국인을 혐오하는 태도는 나이와 상관없이 광범위하게 퍼져 있다는 것을 알 수 있다.

〈도표 32〉에서 보듯이 동독인의 경우는 외국인에 대한 혐오는 일반적

도표 32. 동독인의 직종별 외국인 혐오현상(Sozialreport, p. 62)

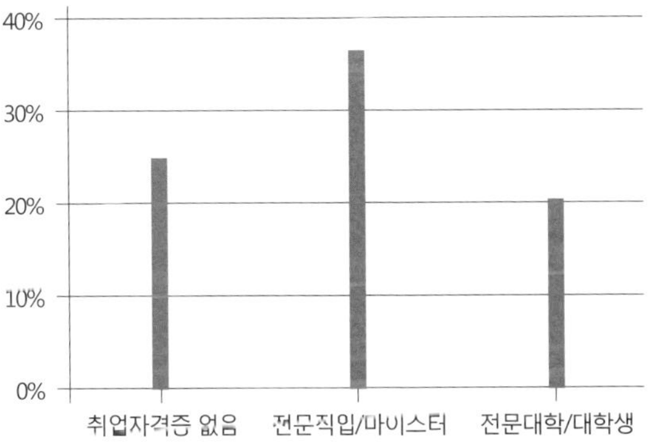

도표 33. 직업별 외국인 혐오현상(Sozialreport, p. 62)

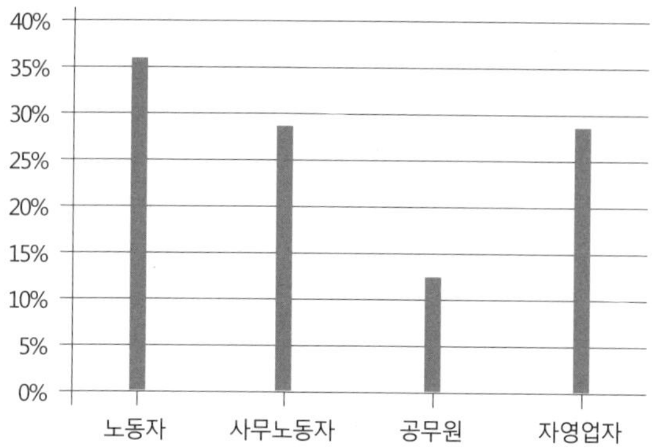

추측과 차이가 난다. 전문직업인과 마이스터는 사회적 지위나 수입 그리고 미래에 대해서 안정적이다. 그럼에도 외국인에 대한 혐오감은 직업교육이 없는 사람보다, 대학생보다 훨씬 높다.

〈도표 33〉에서 알 수 있는 것은 공무원들의 경우 외국인에 대해서 우호적이라는 것을 알 수가 있다. 직업의 안정성 때문이라고 한다.

그런데 수입을 기준으로 하면 통일된 시각을 얻을 수가 있다. 높은 수입을 갖는 사람들은 외국인에 대한 혐오감이 적은 것이다. 그런데 동독에서 높은 수입을 얻는 사람들은 대부분이 공무원들이다.

정치적으로 활동적이냐 여부는 외국인에 대한 적대감을 알 수 있는 주요한 척도가 된다. 즉 정치에 대해서 관심이 많고, 외국인의 처지와 테러에 대해서 알고 있는 사람들의 경우에 외국인에 대한 적대감이 그렇지 않는 사람보다 적다는 것을 알 수 있다.

동독인들이 외국인을 혐오하는 경향을 네 가지로 요약을 했다(Sozialreport, pp. 60-61).

첫째 극우파적인 정치 성향을 많이 보이는 동독인들이 많은데, 정작 자

도표 34. 수입별 외국인 혐오현상(Sozialreport, p. 62)

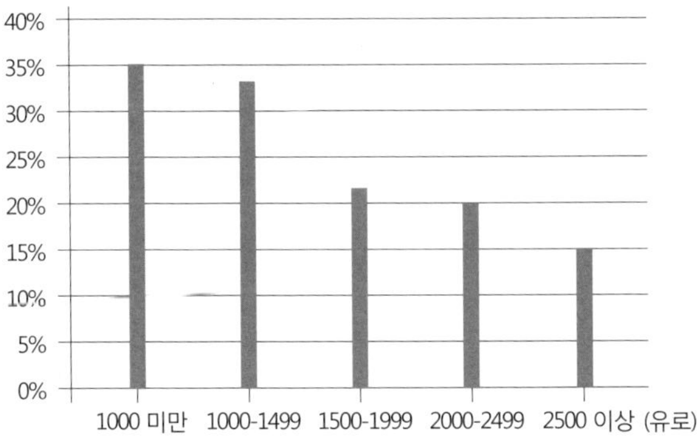

도표 35. 정치에 대한 관심 정도(Sozialreport, p. 62)

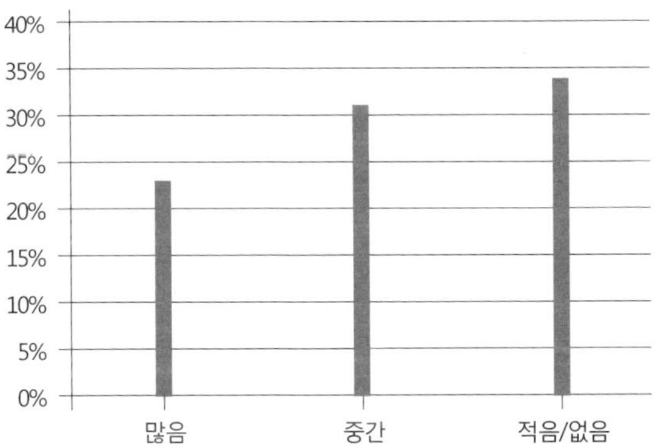

신들은 그것에 대해서 의식을 못한다.

둘째로 외국인 혐오증은 연령, 학력 및 자격증 소지와 상관없이 동독 주민들 사이에 광범위하게 퍼져 있다.

세번째로, 정작 자신들은 외국인과의 직접 경험도 없으면서, 외국인을 사회 문제로 보는 경향이 있다. 2008년의 연구에 따르면 독일이 외국인에 대해서 친절한 분위기라고 생각하는 동독인들은 8%에 불과했다. 28%는 외국인에 대해서 불친절하고 19%는 외국인 적대적, 경우에 따라서가 42%라고 대답했다.

동독에 살고 있는 외국인은 서독에 비해서 아주 적다. 그럼에도 외국인이 독일에 너무 많다고 생각하는 사람은 40%, 경우에 따라서라고 대답한 사람은 34%, 외국인들은 우리 비용으로 살아가면서 사회 문제를 더 악화시키고 있다고 생각하는 사람은 1/3이고, 외국인이 우리 삶의 환경을 다양하게 만든다고 하는 사람은 15%에 불과하다. 네 번째로 본인의 경제적 상황이 외국인에 대한 태도를 결정한다고 볼 수 있다.

〈표 8〉은 동독인들 자신이 외국인에 대해서 어떻게 생각하는지를 나타낸 것이다. 2000년부터 보면 전체적으로는 우호적인 분위기는 1% 늘어난 반면에 적대적이라고 한 사람들의 숫자는 8%가 줄어들었다. 동독인들 자신들의 입장도 외국인에 대해서 우호적인 것은 아니라는 것을 알 수 있다. 무려 80% 이상이 외국인에 대해서 거리를 두거나 적대적이라는 것을 알 수 있다.

통일이 된 후에 드레스덴에서 연례행사화된 것이 있다. 매해 2월 13일이면 드레스덴에서 제2차 세계대전 때 공중폭격으로 죽은 드레스덴 시민 2만 5천 명에 대한 추모행사가 벌어진다. 전쟁이 거의 끝나갈 무렵에 드레스덴

표 8. 외국인에 대한 동독인들 본인의 입장(Sozialreport, p. 62)

	우호적	거리를 둠	적대적	경우에 따라서
2000년	15%	29%	38%	18%
2006년	14%	25%	36%	25%
2007년	16%	32%	34%	18%
2008년	16%	32%	30%	22%

라이프치히 인민일보 1면

에 대한 무차별적 폭격은 보복이며, 이 때문에 죽은 사람들은 억울한 죽음이라는 것이 그 주장이다. 독일의 극우파들은 이 행사를 이용하여 자신들의 위상을 확인하려고 한다. 행사 수최자들의 주장도 일리가 없는 것은 아니다. 그렇지만 누가 2차 전쟁을 시작했으며, 그 때문에 연합국 측에서만 4천만 명 이상이 죽었다는 것을 잊은 모양이다. 동독에는 이처럼 독일을 전범 위치에서 전쟁 희생자 위치로 탈바꿈하려는 시도가 있다.

히틀러의 전쟁 때문에 억울하게 죽은 사람이 러시아만 해도 2천만 명이 되지 않는가. 문제는 이 행사에는 거의 모든 정치가들이 참가하여 그 죽음을 기억하자고 연설을 한다는 데 있다. 그곳에 표가 있기 때문이다. 매해 2천 명 내지 3천 명이 모여 추모행사를 한다. 그보다 희생자가 적지 않은 서독의 어떤 도시도 그런 추모 행사를 하는 곳은 없다. 이것은 특히 드레스덴에서의 민족주의적 분위기를 말해 주는 것이다.

2) 동독의 콤플렉스와 자기 옹호 본능

동독이 무너지기 전에 일반적으로 믿고 있던 것이 있었다. 동독은 학교, 직장, 사회에서 서독보다 더 많은 역사 및 정치 교육을 시켰다. 그래서 역사와 정치 감각이 서독인들보다 더 많이 세련되었을 것이라고 생각했다. 이런 생각은 동독에 대해서 덜 비판적이었던 서독의 좌파 내지는 중도 좌파적 입장에 있던 사람들이 흔히 갖고 있던 생각이었다. 그래서 동독에서의 외국인에 대한 끊임없는 테러는 특히 서독의 좌파 입장에 있던 사람들에게 충격이 더 컸다.

베를린 자유대학의 동독 연구팀은 2005년부터 2007년까지 동서독의 15세에서 17세까지의 청소년들을 조사 연구했다. 동서독 각 2개 주 5천 명을 조사한 결과, 서독의 청소년들이 동독의 과거 체제에 대해서 비판적인데 반해 동독의 청소년들은 그것을 옹호했다. 즉 동독의 과거에 대해서 정 반대의 시각을 갖고 있다는 것이 밝혀졌다. 대다수의 동독 청소년들은 자유민주주의의 가치를 모르고 있었고 또한 독재와 민주주의를 구분하지도 못했다. 39%의 청소년들은 동독이 망하기 전에 서독이 동독보다 더 나았다는 사실도 모르고 있었다(SZ, 2007. 12. 28).

그 원인은 동독의 청소년들이 과거 역사에 대해서 무지하다는 데 있다. 동독의 교사들에게 동독 과거는 터부 테마이기 때문이다. 통일 후에 동독 교사는 재교육을 받지 않은 상태에서 계속 일할 수 있었다. 그래서 이들이 청소년들에게 동독의 과거를 옹호하는 시각을 주입했다는 것이다. 연구책임자인 슈뢰더 교수는 정부는 교사들이 동독 과거 문제를 다루도록 압력을 가해야 되고 교사 재교육이 필요하다고 했다(SZ, 2007. 12. 28).

동독의 청소년들은 미래에 대한 불안감 때문에 동독을 아주 긍정적으로 평가하고 있다는 것이다. 그래서 동독의 대다수 청소년들은 동독 사회주의

표 9. 동독 청소년들의 역사인식(SZ, 2007.12.28)

질문	대답(%)	
동독은 독재 국가가 아니었다.	맞다	25
	틀렸다	49
	모르겠다	26
슈타지는 어떤 국가에나 있는 보통의 정보수집기관이다.	맞다	37
	틀렸다	46
	모르겠다	17
과거 동독처럼 국가가 모든 국민을 보살피는 것이 좋다. 이때 개인의 자유가 좀 손상을 입어도 좋다고 생각한다.	맞다	32
	틀렸다	34
	모르겠다	34
동서독 중에서 어디가 환경보호를 더 잘했다고 생각하는가	동독이 더 잘했다	42
	동서독 차이가 없다	20
	서독이 더 잘했다	21
	모르겠다	17

는 일자리에 관한 한 서독보다 낫다고 생각한다. 다음의 설문들은 동독의 청소년들이 동독의 과거에 대해서 얼마나 무지한가를 말해 주는 것이 될 것이다. 여기서는 브란덴부르크 청소년들의 답변 내용을 인용해 보자(SZ, 2007. 12. 28).

〈표 9〉는 동독의 청소년들이 과거 동독의 역사에 대해서 얼마나 무지한지를 알 수 있다. 아니면 얼마나 자신의 과거를 옹호하려고 하는지를 보여준다고 할 수 있다. 동독이 독재 국가가 아니라고 대답한 청소년은 25%이나 된다. 더욱이 슈타지가 보통의 정보수집기관이라고 믿는 학생은 무려 37%이다. 또한 개인의 자유가 손상을 입더라도 국가는 모든 국민을 보살펴야 한다는 질문에 그렇다는 사람은 32%이나 된다. 이것은 개인의 자유와 책임에 대한 인식이 부족한 것을 말해 준다. 마지막 질문은 통독 전에 동독의 환경이 얼마나 많이 훼손되었는지를 모르는, 현실에 대한 무감각을

말해 주는 것이다.

독일의 주요 여론 기관인 엠니트는 베를린 장벽 붕괴 20주년을 맞이하여 동서독 주민 1,200여 명에게 설문 조사를 했다. 동독인의 57%는 동독은 나쁜 면보다 좋은 면을 더 많이 가지고 있어 잘살 수 있었다고 대답했다. 이를 좀더 구체적으로 보면 8%는 동독에는 거의 모든 것이 더 좋아서 더 행복하게 살 수 있었다고 대답했고, 49%는 몇몇 문제점이 있었지만 잘 살 수 있었다고 대답했다. 동독인의 단지 8%만이 동독에는 거의 모든 것이 나빴고, 32%는 동독은 나쁜 면을 더 많이 갖고 있었다고 대답했다(SZ, 2009. 6. 27-28). 이 조사에 따르면 동독인의 과반수 이상이 동독의 과거에 대해서 긍정인 이미지를 갖고 있다.

독일 통일 당시에 동서독의 대다수 사람들은 과거 동독 정권을 부정적으로 평가했다. 개인의 자유를 빼앗고 슈타지를 통해서 부당 권력을 행사했다는 평가를 내렸다. 그렇지만 당시의 환호가 사라지고 과거 동독 정부에 대한 동서독의 평가는 점점 달라지고 있다. 서독 사람들은 통일 당시나 지금이나 동독 정권에 대해서 부정적인 평가를 내리는 반면에, 동독인들은 시간이 흐를수록 단호하던 태도 대신에 점점 긍정적 시선을 보내고 있다. 통일 이후의 본인의 상황에 대해서 불만족스러운만큼 과거 동독 정권에 대해서 긍정적인 평가를 내리고 있다.

1990년 통일 당시 동독인 3/4은 동독 상황에 대해서 참을 수 없는 상태라고 평가를 내렸고, 1/5만이 동독의 생활은 좋은 것은 아니지만 참을 수 있는 상태라고 대답했다. 통일 10년이 지나자 동독을 단호하게 평가하던 사람의 수는 무려 30%가 줄어들었고, 동독의 삶이 그런대로 괜찮았다고 하는 사람은 두 배가 늘어 40% 정도가 되었다. 무려 54%의 동독인들은 "우리 모두는 평등했고 일자리도 갖고 있었다. 따라서 동독 시절은 아름다

도표 36. 동독 사정에 대한 동독인들의 평가(Schroeder, p. 329)

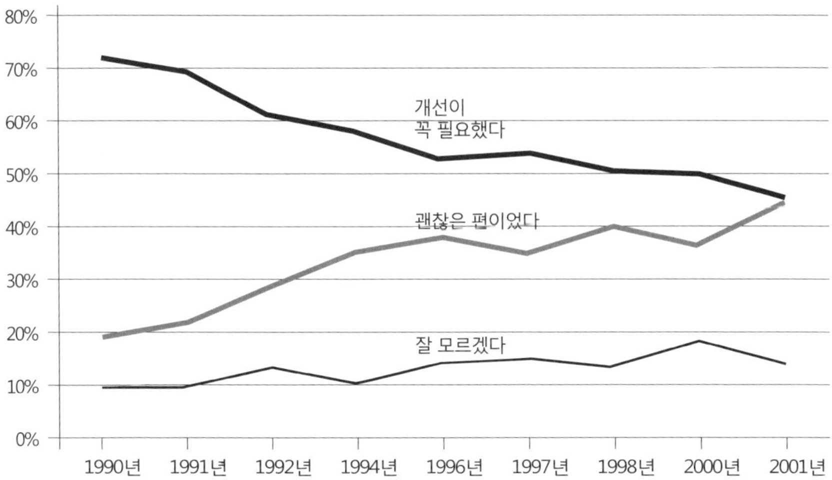

웠다"라고 생각한다(Schroeder, p. 329).

동독에 대한 평가는 특히 동독의 부정적 측면을 평가하는 데에 잘 드러난다. 예를 들면 동독에서의 철저한 감시 상태에 대해서 통일 당시는 43%가 부정적으로 보았는데, 2004년에는 25%만이 그렇다고 대답했다. 특히 동독 정권에 의해서 사기당한 느낌이었다고 말한 사람은 통일 당시에 70%였는데, 2004년에는 40%만이 그런 느낌이라고 대답했다(Schroeder, pp. 328, 329).

독일 좌파당의 전신은 동독 통일사회당이다. 통일 후에 독재와 무능에 대한 죗값으로 풍비박산이 났다. 통일사회당 당원이면서 변호사였던 기지가 나서 당명을 독일사회당으로 바꾸어 조직을 재건했다. 당원들은 대부분 통일사회당 당원이었다. 이 당에 대해서 서독 사람들은 민주주의에 대한 신념도 없고 독재 전력이 있는 사람들이 모여 있다면서 비판을 한다. 그렇지만 동독인들은 오히려 자신의 정당이라고 옹호를 하면서 그 당에 대해서 지지한다. 그후 독일사회당 당수 기지는 사민당을 탈당한 라퐁텐과 합

도표 37. 독일 각 정당의 지역별 지지도(FAZ, 2009. 12. 16)

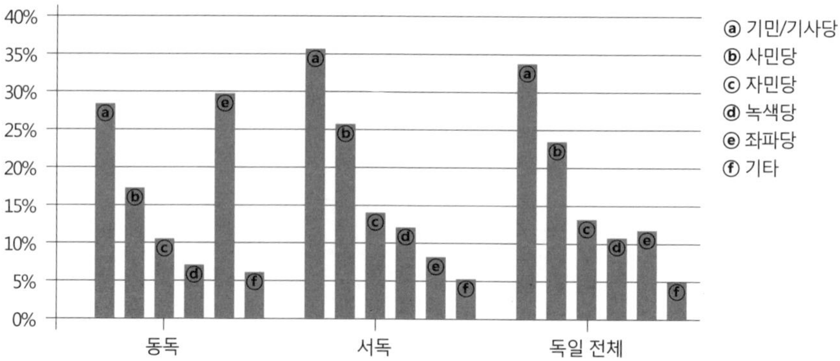

쳐 당명을 좌파당으로 바꾸어, 전 독일에서 적지 않은 득표를 하고 있다. 현재 동독에서는 거의 모든 주에서 30% 정도를 득표하여 제1당이고, 서독에서도 8%대의 지지를 얻고 있다.

동독인들은 과거 동독 정부를 거부하던 전통으로 인해서, 주도하는 세력에 대해서 반항하는 기질이 있다. 동독이 무너지자 그런 성격이 내면화되어 지금까지도 나타나고 있다. 이들은 서독인과는 다른 선거 양상을 보여 주고 있다. 즉 좌파당을 찍음으로써 그들의 저항기질을 드러내고 있다고 볼 수 있다. 문제는 동독이 인구로 보면 독일 전체 인구의 20% 남짓하지만, 독일 선거 전체를 결정한다는 데 있다. 역사적으로 보면 기민당과 사민당의 득표수 차이가 크지 않다. 그래서 동독이 어느 쪽으로 기우느냐에 따라 독일 정부가 바뀌기도 하고 계속 집권하기도 한다. 이 원리는 최초의 동서독 통합선거였던 1990년부터 통용된다.

1989년에 서독인들은 콜 총리에 더 이상 지지를 보내지 않아 그는 정치적 생명이 다했다는 분위기가 퍼져 있었다. 그런데 동독인들이 콜에게 몰표를 보내면서 콜은 다시 집권할 수 있었다. 1998년에는 사민당이 집권했고, 2005년에는 다시 기민당이 집권했다. 이는 동독인들의 투표에 의해서 결정된 것이다. 결과적으로 동독인들이 독일 연방정부를 좌우하고 있다(Die Zeit, 2009. 10. 1). 그래서 기독교사회연합의 전 당수 슈토이버가 2005년 연방의회 선거 유세 중에 이런 말을 한 것은 그런 사정을 염두에 둔 것이다. 물론 동독 사람들은 여기에 대해서 비판했다. "동독 사람들이 또다시 독일 수상을 결정해서는 안 된다고 생각한다. 실망한 채 살아가고 있는 사람들이 독일의 운명을 결정해서는 안 된다."

독일 대통령 쾰러가 아프가니스탄에 대한 자신의 발언에 책임을 지고 임기 전에 사임을 했다. 그 후임으로 여당은 니더작센 주지사인 불프를 공천하고 야당은 동독의 인권 목사였으며 슈타지 문서관리 책임자였던 가욱을 추천했다. 여기에 캐스팅보트를 쥐고 있던 것은 좌파당이었다. 좌파당이 가욱을 밀면 가욱은 독일의 새로운 대통령이 되는 것이다. 특히 서독의 국민 여론은 가욱으로 완전히 기울었다. 그렇지만 동독의 여론과 동독에 기반을 둔 좌파당은 가욱은 절대 안 된다고 주장했다. 가욱은 슈타지 문서관리 책임자로 오랫동안 재직했다. 그의 재직 기간 중에 동독 정부의 비도덕적인 측면이 많이 밝혀졌다. 그래서 동독과거를 옹호하는 사람들은 가욱에 대해서, 동독을 해체한 배신자라는 생각을 갖고 있다. 이것은 동독인들이 과거의 동독 공산당 치하를 그리워하고 있으며 그곳에 대하여 아직 비판적 거리를 갖지 못하고 있다는 것을 말한다. 실제 동독 국민들은 통일 후 5년이 지나면서 자신의 과거에 대해서 비판을 취소하고 그곳에서 정체성을 찾고 있다.

디차이트는 2009년 7월 23일자 신문에서, 동독인의 41%가 외국인 적대적이고, 42%가 민주주의에 불만이고, 0.4%만이 선거 공약을 믿는다는 설문 결과를 소개했다. 이 결과는 동독에 소재한 사회법인 인민연대에서 동독인을 상대로 조사한 것이다. 그러면서 이를 두고 서독의 대표적인 주간지는 이렇게 해설을 했다. 동독의 경제 상태가 콜 수상이 약속한 대로 이행되지 않자 동독인들의 심성이 비틀어지기 시작했다는 것이다. 그래서 동독인들은 심술을 부리기 시작했고, 만사에 비협조적이 되었다는 것이다. 그래서 통일 당시의 분위기는 사라지고 동독의 과거를 찬양하기 시작하고, 그러면서 좌파당을 뽑기 시작했다는 것이다(Die Zeit, 2009. 7. 23).

BUNDESREPUBLIK DEUTSCHLAND

BRANDENBURG
MECKLENBURG-VORPOMMERN
FREISTAAT SACHSEN
SACHSEN-ANHALT
FREISTAAT THURINGEN

BERLIN

BADEN-WURTTEMBERG
FREISTAAT BAYERN
HANSESTADT BREMEN
HANSESTADT HAMBURG
HESSEN
NIEDERSACHSEN
NORDRHEIN-WESTFALEN
RHEINLAND-PFALZ
SAARLAND
SCHLESWIG-HOLSTEIN

II.

통일을 둘러싼 동서독 사이의 갈등

1. 통일 후 동독인들의 삶의 변화—자기 상황에 대한 평가

동독인들은 통일 이후에 좋아진 것은 무엇이고 나빠진 것은 무엇이라고 생각하는가. 〈도표 38〉에서 알 수 있듯이 동독인들이 제일 먼저 생필품의 수급과 여행의 자유를 꼽았다. 그 다음이 주거환경, 정보 접근의 자유, 그리고 표현의 자유였다. 나빠진 것으로는 비싼 임대료를 꼽았고, 그 다음이 일자리 보장이었다. 또 사회적 연대감, 높아진 범죄율, 연금의 안정성 등을 꼽았다(Schroeder, p. 513).

독일 통일은 동독인 개개인들에게 이득인가 손해인가. 전체적으로 보면 동독인의 39%가 자신에게 이득이 되었다고 응답을 했고, 29%는 이득도 있었고 손실도 있었다고 대답했다. 이와는 달리 28%는 독일 통일은 자신에게 손해가 되었다고 응답했다. 통일이 자신에게 손해가 되었다고 대답하는 사람이 증가하고 있는 추세다. 통일이 자신에게 손실을 끼쳤다고 대답한 사람이 1994년에는 17%였는데, 2008년에는 28%이다. 통일로 인해서

도표 38. 통일 후에 좋아진 것과 나빠진 것(Schroeder, p. 513)

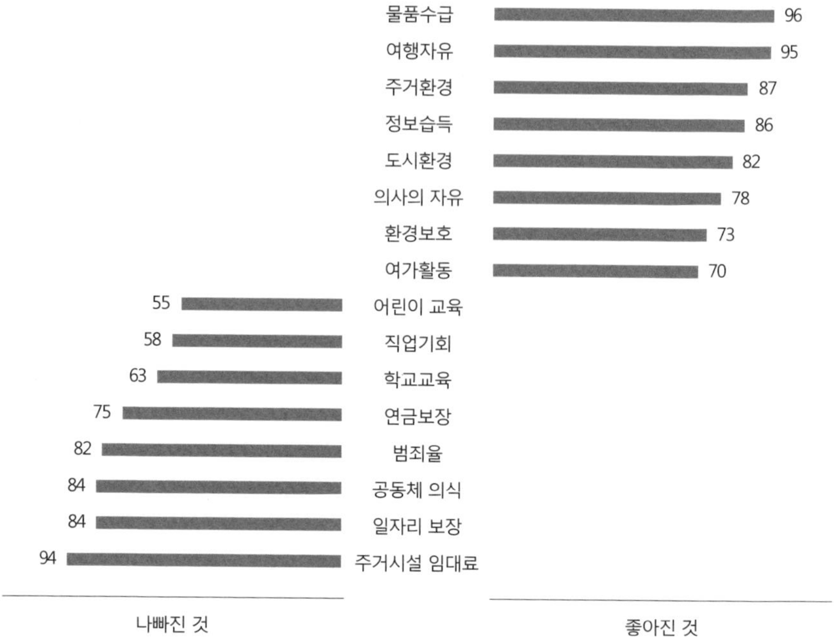

표 10. "통일은 당신에게 이득인가 손해인가"에 대한 대답(Sozialreport, p. 40)

	전체	성별		연령					취업 여부	
		남	여	25세 미만	25-39세	40-49세	50-59세	60세 이상	취업	실업 상태
이득뿐임	16	22	10	25	20	14	11	13	17	4
손해보다 이득이 많음	23	25	20	26	21	23	24	21	27	12
손해 반 이득 반	29	26	33	23	28	26	26	36	31	26
손해가 많음	21	19	23	9	18	26	27	21	17	39
손해뿐임	7	6	8	1	6	10	10	6	5	16
무관/무응답	5	3	6	15	6	1	2	2	3	4

2008년(%)

이득을 보았다고 대답한 사람들의 개인적 면모를 살펴보자. 개인 소득 2천 유로 이상(73%), 공무원(70%), 동독으로 이주한 서독인(68%), 대졸자(54%), 젊은 층(51%)이 통일로 인해서 이득을 보았다고 대답했다. 반대로 통일 때문에 손해를 보았다고 대답한 사람은, 실업자(55%), 저소득자(45%), 노동자(35%) 장년층(37%) 등이다(Sozialreport, 40).

개인적으로 통일에 대해서 평가하는 바가 다르다. 그러면 오늘날 동독인들은 자신의 삶에 대해서 어떻게 생각하는가. 〈표 11〉에서 알 수 있듯이 현재 동독인들 중에서 자신의 생활에 만족하는 사람은 39%이다. 이중에서 4%는 아주 만족해 하고 35%는 보통으로 만족해 살고 있다. 그리고 43%의 동독인들은 만족하는 부분도 있고 불만스러운 부분도 있다고 대답했다. 반면에 14%는 현재 생활이 불만족하고 또 4%는 아주 불만족스럽다고 대답했디(Sozialreport, p. 8).

전체적인 경향을 보면, 동독인들이 자신의 생활에 대한 만족 정도가 1990년대에 비해 많이 줄었다. 자신의 생활에 만족한다고 대답한 동독인들은 1999년 59%, 2006년과 2008년에는 각각 39%였다. 반면에 자신

표 11. 동독인들의 개인 생활 만족도(Sozialreport, p. 8)

	전체(%)	개인 순수입(유로)	자가 주거 비율(%)	자가 주거 크기(㎡)
아주 만족함	4	1,227	38	92
만족함	35	1,183	41	79
부분적으로 만족함	43	969	29	73
불만족	14	746	24	64
아주 불만족	4	595	17	66
평균	-	1,010	33	76

2008년

의 현재 생활에 불만족스럽다고 대답한 동독인들은 1999년에 7%였는데, 2005년에는 무려 12%가 증가하여 19%에 이르렀다. 이후 동독인들 중에서 자기 생활에 불만족스러운 사람은 19%로 지금까지 큰 변동이 없다(Sozialreport, p. 8)

그러면 동독 사람들은 무엇에 의해서 생활에 만족을 느끼는가. 이들의 생활 만족도에 영향을 끼치는 것으로는 취업 여부, 사회적 위상, 가족관계, 수입과 재산 등이었다. 특히 물질적 조건과 사회적 위상에 대한 현재의 상태 또는 그것에 대한 기대감이 많은 영향을 끼치고 있다는 것이 드러났다. 그런데 자기 생활에 만족하다고 대답한 사람의 경우에 불만족하다고 대답한 사람의 경우보다, 개인의 수입이 생활 만족도에 끼치는 영향이 2배 정도 높았다. 즉 자신의 생활 만족도와 소득과의 연관성이 아주 높다는 뜻

표 12. 동독인들의 개인 경제사정에 대한 평가(Sozialreport, p. 12)

	전체	성별		연령					취업 여부	
		남	여	25세 미만	25-39세	40-49세	50-59세	60세 이상	취업	실업 상태
아주 좋음	2	2	1	2	3	2	1	1	2	0
좋음	24	25	23	19	22	23	23	28	28	2
그저 그렇다	45	46	44	50	39	42	41	51	47	23
나쁨	22	20	24	24	24	24	25	17	20	45
아주 나쁨	7	7	7	4	12	10	10	2	3	30
무응답	1	0	1	1	0	0	0	1	1	-

2008년,(%)

이다. 자신의 현재 상황에 대해서 만족하는 사람은 비교적 높은 수입과 금융 자산을 갖고 있으면서 셋집이 아니라 자기 집에서 살고 있는 비율이 43%였다.

그렇다면 동독인들은 자신의 개인 수입에 대해서 어떤 생각을 갖고 있는가를 알아보자. 동독인들은 자신들의 경제 상황에 대해서 2%는 아주 좋음, 24%는 좋음이라고 대답한 반면에 동독인의 22%는 나쁨, 그리고 7%는 아주 나쁨이라고 생각했다. 또 동독인의 거의 반에 해당되는 45%는 자신의 경제 사정이 그저 그렇다고 응답했다(Sozialreport, 12).

이 조사 결과는 2000년의 조사와 비교하면 큰 차이가 난다. 2000년도에는 무려 46%가 자신의 경제적 사정이 좋거나 아주 좋다고 대답했다. 그리고 단지 13%만이 자신의 경제 사정이 나쁘거나 아주 나쁘다고 대답했다. 즉 2000년과 2008년 조사결과를 비교하면, 자신의 경제 사정을 좋다고 한 사람은 46%에서 26%로 거의 반으로 줄어든 반면에, 나빠졌다고 하는 사람은 13%에서 29%로 두 배를 넘어섰다.

자신의 경제적 사정을 좋거나 아주 좋다고 대답한 사람은 대졸자(48%)

도표 39. 자신의 경제사정에 대한 평가(Sozialreport, p. 12)

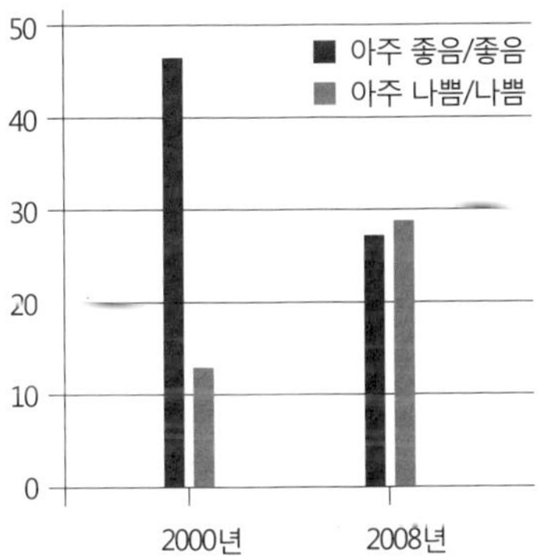

와 공무원(55%)이 많았고, 개인의 월 순수입을 고려해 보면 2천 유로를 넘는 사람(71%)들이 대부분이었다. 반면에 자신의 경제사정을 나쁘거나 아주 나쁘다고 대답한 사람들 중에는 실업자(75%), 저소득자(60%)가 많은 편이었다.

동독인들은 자신들이 기대했던 그런 통일이 이루지지 않자 실망하는 사람들이 늘어나고 있다. 본인은 통일된 독일 시민으로 생각하느냐에 그렇다고 대답한 사람은 22%에 불과하다. 여기에 해당되는 사람들은 2천 유로 이상의 고소득자(41%), 그리고 25세 미만의 젊은이(40%), 공무원(37%), 대졸자(32%)이다. 자신은 독일인도 동독인도 아니라고 대답한 동독인은 무려 62%이다. 또 11%의 응답자는 동독으로 되돌아가고 싶어한다. 실업자(23%), 여자(13%), 저소득자(20%)가 바로 그들이다.

동서독 장벽이 무너진 것을 계기로 독일의 여러 여론 기관들이 국민들의 의견을 물어보았다. 라이프치히 시장조사 연구소가 2009년 10월 말에

표 13. 동독인의 정체성: 통일 18년 뒤 자신의 소속감에 대한 답변(Sozialreport, p. 41)

	전체	성별		연령					취업 여부	
		남	여	25세 미만	25-39세	40-49세	50-59세	60세 이상	취업	실업 상태
진정한 독일인	22	27	19	40	26	18	16	19	22	8
동독 복귀 희망	11	8	13	12	8	12	12	10	7	23
독일인도 동독인도 아님	62	60	63	38	61	65	67	67	65	64
무응답	5	5	5	9	5	6	5	3	6	5

(%)

시행한 조사 결과에 따르면, 동독 주민 12%, 서독인 13%가 동서독 국경선이 다시 만들어져야 된다고 대답했다. 이렇게 주장한 사람들은 실업자, 단순 노동자 그리고 좌파당 지지 세력이 많았다. 동서독인의 80%는 동서독 장벽이 사라진 것은 잘된 일이라고 대답했다. 9%는 대답을 하지 않았다고 한다. 동서독 통일이 성공적이었느냐는 질문에 서독인 69%, 동독인 55%만이 그렇다고 대답했다. 통일 후에 생활 수준이 낮아졌다고 말한 사람은 동독인 21%, 서독인 25%였다(Spiegel online, 2009. 11. 8).

이보다 한 달 앞선 2009년 9월에 여론 조사기관인 포르자도 유사한 결과를 발표했다. 동서독 국경선을 원하는 사람은 동독인 10%, 서독인 16%였다. 이들 중에는 좌파당 지지 세력(21%), 직업고등학교 졸업생(26%)가 그런 의견을 제시했다(Spiegel online, 2009. 11. 8). 그런데 이보다 좀더 늦게 실시된 엠니트 여론조사에서는 좀 다른 결과가 나왔다. 동서독 국경선이 있었으면 좋겠다고 대답한 서독인은 24%, 동독인은 23%였다. 또한 일정한 조건만 갖추어진다면 사회주의에서 살고 싶다고 대답한 사람이, 동독인 80%, 서독인 72%였다. 그 일정한 조건이란 일자리, 연대감, 사회보장제도였다(Spiegel online).

〈도표 40〉은 동독인들이 자신과 연관된 지역에 소속감을 느끼는 정도를 표시한 것이다. 여기서 분명이 드러나는 것은, 큰 단위든 작은 단위든 자신의 지역에 대해서 느끼는 소속감은 점차 엷어져 간다는 것이다. 통일된 독일에 대해서는 2008년 단지 42%만 강한 소속감을 나타내는 반면에, 동독에 대해서는 무려 70%의 소속감을 느낀다. 동독에 대해서 가장 강한 소속감을 나타내는 집단은 60세 이상의 노인(78%)이고 가장 약한 소속감을 보이는 집단은 동독을 체험하지 못한 25세 미만(60%)이다. 대학 졸업자들도 무려 75%가 동독에 대한 소속감을 느끼고 있다. 반면에 통일된 독일에 대해

도표 40. 동독인들이 강하게 느끼는 지역 소속감(Sozialreport, p. 42)

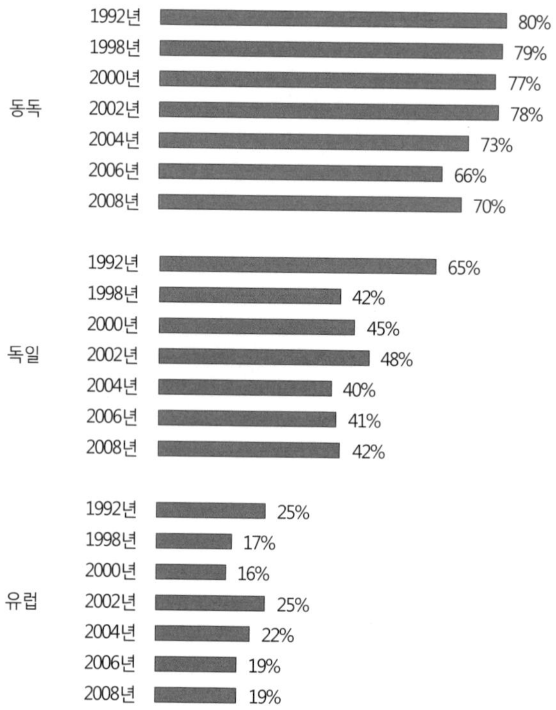

서 평균 이상의 소속감을 느끼는 집단은 공무원(65%)와 25세 미만(59%)이다 (Sozialreport, pp. 42-43).

동독 사람들 중에서 지난 2003년과 2008년 사이에 자신의 사회적 위상이 상승했다고 믿는 사람은 13%였다. 오히려 자신의 위상이 하락했다고 대답한 사람은 33%이고, 변화가 없다고 응답한 사람은 44%였다. 그런데 지난 5년 사이에 자신의 사회적 위상 변화에 대해서 긍정적으로 대답한 사람들 중에는, 개인 월 소득이 2천 유로가 넘는 사람(33%), 25세 미만(33%), 공무원(25%), 대졸자(21%)가 많았다. 반면에 사회적으로 하락했다고 믿는 사람

도표 41 동독인들의 생활만족도, 개인의 경제적 사정, 미래에 대한 기대의 상관관계 (Sozialreport, 19쪽)

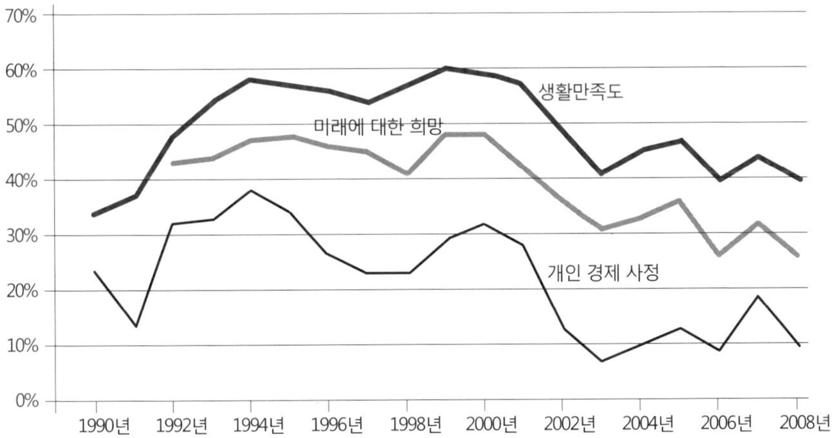

들은 특히 실업자가 많았으며(76%), 월 소득이 1천 유로 미만(45%) 또 50대 이상 노인층(44%)이 많았다(Sozialreport, pp. 10-11).

그렇다면 동독인들은 자신의 경제적 상황과 만족도는 어떤 관계를 갖고 있는가? 〈도표 41〉는 동독인의 생활 만족도가 자신의 경제적 상황, 그리고 미래에 대한 기대와 상당히 유사하다는 것을 보여 준다. 동독인들은 반자본주의 교육을 받고 반자본주의적 문화 속에서 자랐다. 그럼에도 불구하고 〈도표 41〉이 보여 주듯이 1990년 통일 후 잠깐을 제외하고는 지금까지 생활만족도는 거의 경제적 상황과 비례한다는 것을 알 수 있다.

2. 희망을 잃어가는 동독인들

동독 사람들은 자신들도 서독인들만큼 잘살 수 있을 것이라는 희망을 점점 잃어가고 있다. 콜 수상은 독일 통일 직전인 1990년 동독인들에게 큰 약속을 했다. 동독인들도 5년 이내에 서독 수준의 복지를 누리게 해 주겠다는 것이었다. 그런데 이제 점점 많은 동독인들이 서독인만큼 잘살 수 있을 것이라는 꿈을 접어 가고 있다. 그런 경험을 할 수 없을 것이라고 체념하는 노년층이 특히 많다. 〈도표 42〉에서 보듯이 동독 사람들은 통일 후 5년이 지나면서 더 잘살 수 있을 것이라는 자신감을 잃게 된다.

5년 이내에 서독 수준의 소득에 도달할 것이라고 믿는 사람이 1994년에 36% 1996년 23%로 떨어졌다가 1998년에 9%로 급락했다가 2000년에 다시 11%로 증가한다. 그러다 2002년에 5% 떨어졌다가 2008년에는 3%에 머문다. 반대로 불가능하다고 생각하는 사람은 1994년에 5%, 1996년에

도표 42. 서독 수준의 소득 가능성(Sozialreport, p. 46)

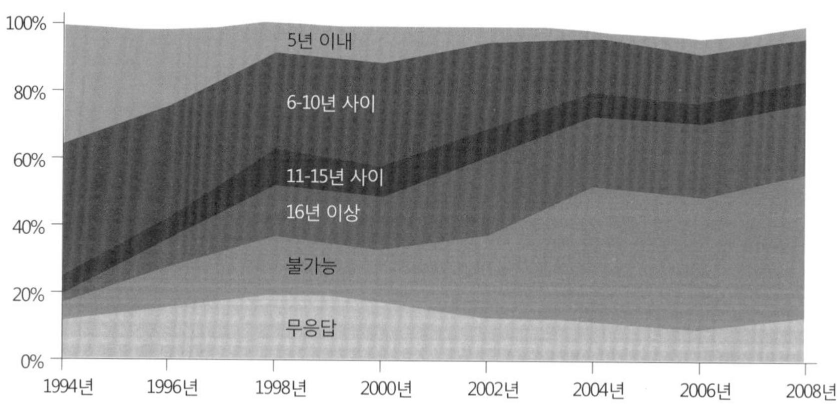

표 14. "10년 이내에 독일에서 빈곤층이 늘어날 것이라고 믿는가"에 대한 대답(Sozialreport, p. 50)

	전체	성별		연령					취업 여부	
		남	여	25세 미만	25-39세	40-49세	50-59세	60세 이상	취업	실업
그렇다	88	88	88	79	90	94	92	85	92	95
아니다	3	5	2	6	4	2	3	3	3	2
모르겠다	9	8	9	15	6	4	5	12	5	4

2008년(%)

12%로 두 배 이상으로 증가했다. 2002년에는 24%로 증가했다가 2008년에는 43%에 이른다.

많은 동독인들에 미래에 대해 별로 희망을 갖지 않고 있다는 것은 〈표 14〉를 통해서 다시 확인할 수 있다. 남녀 노소, 성별 차이, 취업 유무에 관계없이 미래에 대해서 부정적으로 보고 있다. 특히 그 비율도 90% 정도여서 자신들의 미래에 어느 정도 불안해하는지를 알 수 있다(Sozialreport, p. 50).

동독인들 개인에게 희망이 있는가는 객관적 사실로 평가하는 방법이 있고 개인이 자신의 미래에 대해서 어떻게 생각하느냐를 주관적으로 평가하는 방법도 있다.

동독인들에게 가장 기대가 컸던 때는 베를린 장벽이 무너지던 1989년 말에서 1990년 초이다. 자본주의 질서에 편입되어 물질적 풍요로움을 누릴 수 있다는 기대와 개인의 자유와 서독의 복지와 생활 수준을 누릴 수 있다는 기대였다. 동독인들이 미래에 대해서 갖는 생각에 영향을 미치는 것은 정부의 각종 개혁정책이었다. 이것에 따라 희망이 생겨나기도 하고 실망이 커지기도 했다. 희망이 커지든 실망이 커지든 공통점은 개인의 생활 만족도는 경제적 상황과 일치하고 있다는 점이다.

표 15. 동독인의 미래에 대한 기대(Sozialreport, p. 19)

	전체	성별		연령					취업 여부	
		남	여	25세 미만	25-39세	40-49세	50-59세	60세 이상	취업	실업 상태
기대	9	9	8	13	13	9	6	6	10	8
기대 반 두려움 반	50	52	48	59	53	44	48	48	52	32
두려움	36	35	37	26	29	42	41	39	34	52
모름/무응답	5	3	7	2	4	5	5	7	3	8

2008년(%)

그럼 동독인들이 미래에 대해서 어느 정도의 기대를 하고 있는지를 알아보자(Sozialreport, p. 19).

동독인 중에서 9%만이 미래에 기대를 갖고 있다. 36%는 미래에 대해서 갖는 것이 두려움밖에 없다. 50%는 미래에 대해서 기대와 두려움을 동시에 갖고 있다. 50대 이상의 노년층이 미래에 대해서 가장 많은 두려움을 갖고 희망은 가장 적게 갖고 있다. 이들이 갖고 있는 두려움의 원인을 따져 보자. 사회안전망의 축소(81%), 개인의 경제적 사정(67%), 빈곤층에 떨어질 가능성(56%), 사회 변방으로 밀려날 것에 대한 두려움(48%)이다. 특히 이들이 미래에 대해서 부정적 견해를 갖게 되는 것은 정치적 결정에 많은 영향을 받고 있다. 예를 들면 노후 안전망 문제(82%), 임금대비 물가상승(73%), 사회적 정의(61%), 사회안전(51%), 개인의 복지 상황(51%)이 그것이다.

그러면 동독인들은 자신의 미래 경제 사정에 대해서 긍정적으로 생각하는가 아니면 부정적으로 생각하는가를 알아보자.

동독인들은 2003년에 비해서 2008년에 자신의 경제 전망에 대해서 부

도표 43. 동독인들의 5년 후 자신의 경제사정에 대한 전망 비교(Sozialreport, p. 14)

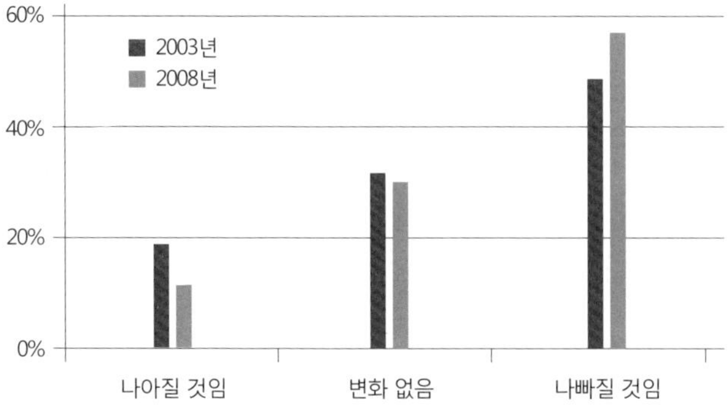

정적으로 보고 있다는 것이 확연히 드러난다. 동독인들은 2003년에 5년 후면 자신의 경제적 사정이 좋아질 것이라고 대답한 사람은 19%, 나빠질 것이라고 대답한 사람은 49%, 변화가 없을 것이라고 대답한 사람은 32%였다. 그런데 2008년의 경우 5년 뒤, 즉 2013년이 되면 자신의 경제 사정이 좋아질 것이라고 대답한 사람은 11%, 나빠질 것이라고 대답한 사람은 57%, 변화가 없을 것이라고 대답한 사람은 31%였다. 50대 이상의 경우에는 한결같이 나빠질 것이라고 대답했다. 대학에 다니거나 직업훈련을 받고 있는 연령대인 20세에서 25세의 경우도 낙관론이 점차 사라진다. 즉 미래에 대해서 기대하는 연령대인 20대도 자신의 미래에 대해서 긍정적으로 생각하는 비율이 낮아지는 것이다(Sozialreport, p. 14).

3. 동독인들의 불만과 그 대변인들—상품화된 동독인들의 불만

동독인들은 서독에서 발간되는 신문이나 잡지가 아니라, 주로 동독에서 발간되는 매체들을 본다. 예를 들어 서독에서 영향력 있는 일간지인 남독신문(SZ), 프랑크푸르트 알게마이네(FAZ) 같은 신문들은 거의 보지 않는다. 그 대신에 주간지는 주퍼일루, 일간지는 라이프치히 인민일보(LVZ), 드레스덴 신문 등을 주로 본다. 서독에서 많이 팔리는 주간지인 슈테른, 슈피겔, 분테를 다 합쳐도 동독에서 1만 5천 내지 3만 5천 부 팔린다. 그런데 동독의 주간지는 주퍼일루는 동독에서 30만 부가 팔린다.

이들 대중 매체를 보면 동독 사람들이 어떤 생각을 하는지 쉽게 알 수 있다. 동독에서 많이 팔리는 신문에서는, 동독인들이 차별받고 있다는 사실을 부각시키는 기사를 쉽게 볼 수 있다. 예를 들면 동독 대표 신문의 하나인 라이프치히 인민일보가 연방통계국의 통계를 바탕으로 2009년도에 1

도표 44. 독일인의 평균 세전 월급(LVZ, 2008. 6. 24)

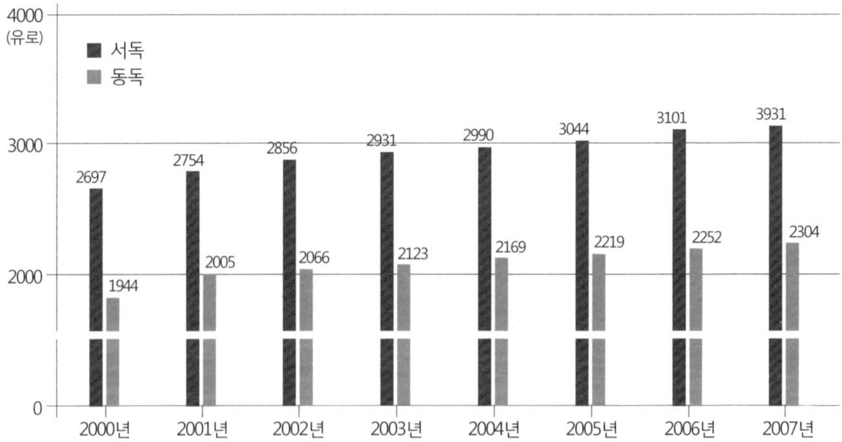

면에 크게 보도한 기사가 그러하다. 이 내용은 동독인의 세전 원급이 서독인에 비해서 여전히 적다는 것을 나타낸다.

동독의 대중매체뿐 아니라 동독에 있는 연구 기관들도 동독인들의 입장을 대변하는 경우가 종종 있다. 동독의 할레에 위치한 경제연구소는 2010년 7월에 2008년의 세계 경제위기 이후에 동서독 경제적 차이가 더 벌어지고 있다고 발표했다(Spiegel online, 2010. 7. 14). 그래서 동서독 통일 때 약속한 소득 균등화 작업이 더 힘들어졌다는 것이다. 그 발표 내용 중에서 이 책의 주제와 어울리는 항목을 몇 개 골라 인용해 보았다.

〈표 16〉에서는 동독은 통일 후 인구가 점점 줄었고, 서독은 인구가 늘었다는 것을 알 수 있다. 동독의 취업률은 줄고 실업률은 늘었고, 서독의 경우는 그 반대 방향으로 나갔다는 것을 알 수 있다. 동독은 이 기간 중에 1인당 국민 소득이 무려 242%, 서독은 146% 늘었다. 동독 사람들의 소득 수준이 얼마나 높아졌는지 확연히 드러난다.

그렇지만 동독인들은 그런 긍정적 변화에 대해서는 알고 싶어하지 않는다. 이들은 통일조약에서 약속한 동서독 소득 수준 동일화 약속을 떠올리는 것이다. 그래서 동독에서 발간되는 많은 대중 매체들은 동독에서의 상

표 16. 2010년도 OECD 경제보고서(Spiegel online, 2010. 7. 14)

	동독		서독	
	1991년	2008년	1991년	2008년
인구	18,071,000명	16,509,000명	61,914,000명	65,618,000명
1인당 국민소득	9,442유로	22,840유로	22,030유로	32,231유로
취업률	72.6%	69.4%	66.6%	72.1%
실업률	10.9%	13.2%	5.2%	6.0%

황이 얼마나 나빠졌는가를 보도하는 경우가 자주 있다. 즉 통일 당시의 약속은 어디에 갔느냐는 것이다.

근래에 서독 언론들이 동독에 독자를 확대하는 노력을 많이 한다. 예를 들면 디차이트는 작센주 판을 만들어 작센주의 독자를 확보하려고 한다. 주간지의 부록에 많은 지면을 할애하여 동서독을 비교했다. 이것은 동독 주민으로부터 많은 독자를 확보하려는 전략으로 이해할 수 있다. 독일의 영향력 있는 일간지인 남독신문도 2010년 7월에 동독의 차별에 대한 특집을 냈다. 이 신문의 주말판 부록 잡지에 여러 지면을 할애하여 보도했다. 이 특집에서 동독이 얼마나 차별을 받고 있는지를 부각하는 자료를 보자.

독일 엘리트 중에서 동독 출신은 5%에 불과하다. 15명의 연방정부의 장관, 주요 언론사의 편집장, 상장사의 상임이사 중에 동독인은 아무도 없다. 메르켈 수상만 동독 출신이다. 서독 출신 장군은 199명에 이르지만 동독 출신의 장군 단 한 명뿐이다. 그렇지만 외국에 파견된 군인 숫자는 동서독 출신이 비슷하다. 3,248명이 서독 출신, 3,143명이 동독 출신 군인이다. 인구대비로 따지면 동독 출신이 월등히 많다고 할 수 있다. 지난 시즌에 분데스리가에서 뛴 축구 선수 가운데 서독 출신은 250명이고 동독 출신은 26명에 불과하다.

동독 자체만을 두고 보자. 동독 주민 중에서 동독 출신은 95%이고 나머지는 서독 출신과 외국인이다. 그러나 동독에서 활동하는 엘리트 중에서 통독 출신은 30%에 불과하다. 즉 정치, 경제, 법률, 과학, 행정, 미디어 분야에서 주요한 결정권을 가진 사람 중에서 동독 출신은 반도 안 된다는 말이다. 동독인 중에서 서독 주의 장관으로 일하는 사람은 1명인 데 반해서, 그 역은 18명이나 된다. 30대 상장기업의 임원 모두, 16명의 헌법 재판관 모두 서독 출신이다. 인문사회학 교수 95%, 방송국과 신문사의 책임자는 모두

서독인이다. 심지어 동독인들만이 읽는 잡지의 책임자도 서독인이다.

실업자가 동독에 많은 것이 독일 군대에는 더 좋을지 모른다. 2009년 여름에 아프가니스탄에서 3명이 죽었는데, 모두가 동독 출신 군인이었다. 당시 외국에 주둔하는 군인 6,391명 중 동독 출신은 3,143명으로 거의 50%이다. 특히 사병의 경우 60%에 해당된다. 지원병 중에서 반 이상이 동독 출신이고, 이들은 대개 의무 복무 기한을 14개월이나 연장하여, 더 많은 돈을 받고 높은 계급에 올라간다. 동독의 실업률이 높을수록 독일 군대는 동독 출신 젊은이들에게 더 매력적인 것으로 보이는 것이다.

이런 숫자를 두고 동서독 출신 학자들은 다르게 해석을 한다. 예를 들어 콜모르겐은 동독인은 자기 땅인 동독 안에서 쫓겨나 있고, 서독인들이 와서 동독을 건설한다고 주장한다. 이처럼 실제 동독인들이 느끼는 감정은 실망과 무기력 상태에서 많은 반감을 갖고 있다. 동독인들의 이런 주장에 대해서 많은 동독인들은 통일 직후 자격증이 없었고, 외국 경험과 외국어 능력이 부족하여 학계와 경제계에서 자리를 차지하기 힘들었다고 주장한다. 한편으로는 "동독인은 자신들의 처지를 언제나 서독과 비교해서는 안 된다. 1989년 이전의 상황 또는 슬로바키아, 폴란드, 동유럽 쪽 국가와 비교해야 한다"라는 주장도 있다. 베를린 자유대학의 슈뢰더 교수는 임금과 평균수명에 이르기까지 짧은 시간에 동질화를 이룬 것을 생각해야 한다고 말한다.

4. 독일 중산층의 위기 의식

1) 독일 중산층이 가진 미래에 대한 불안감

독일인 중에서 미래에 대해서 불안감을 가지고 있는 것은 하류층뿐이 아니다. 독일의 중산층도 하류층으로 떨어질 가능성 때문에 불안에 떨고 있다. 물론 그 두려움은 하층민의 그것과는 다르다. 하류층의 불안감이 평생 가난에서 벗어날 수 없다는 절망감이라면, 독일 중류층의 불안감은 자칫하면 하류층으로 떨어질 수도 있다는 불안함이다. 당대의 불안보다 더 큰 것은 자식들이 혹 하류층으로 떨어질지도 모른다는 불안감이다(Spiegel online, 2010. 6. 17). 독일 중산층의 두려움은 더욱이 이전에 없던 것이어서 사회적 불안 요인이 된다. 독일 중산층은 사회 안전망을 믿으면서 자신의 일에 완전히 몰두하는 계층으로서 사회안정의 기반이었다.

독일경제연구소의 연구 결과에 따르면 독일 중산층은 이전에 없던 불안에 떨고 있다는 것이다. 그 이유는 독일의 정치가 과거처럼 제대로 작동을 하지 않고, 독일의 교육이 OECD 평가에서 보여 주듯이 높은 수준을 보여 주고 있지 않기 때문이다. 그래서 자신의 자녀들이 경쟁사회에서 살아남을 수 있는 것인지에 대해 불안해하고 있다는 것이다. 독일의 교육제도가 이렇게 경쟁력이 없으면 자신의 자식들이 국제무대에서 질 것이라는 데서 오는 불안감이다. 특히 경제 위기 때에 손실은 공공의 손실로 처리하고, 경제 위기가 극복되자 이익은 사적으로 처리하는 데 실망했다는 것이다. 또 사회 안전망의 개혁으로 미래마저 불안하게 되었다고 생각한다. 그래서 독일 사회의 든든한 중간층이 흔들리고 있다는 것이다(Spiegel online, 2010. 6. 17).

〈도표 45〉에서 알수 있듯이 1984년에 독일 중간층은 64.7%였지만

도표 45. 독일 중산층의 변화(DIW)

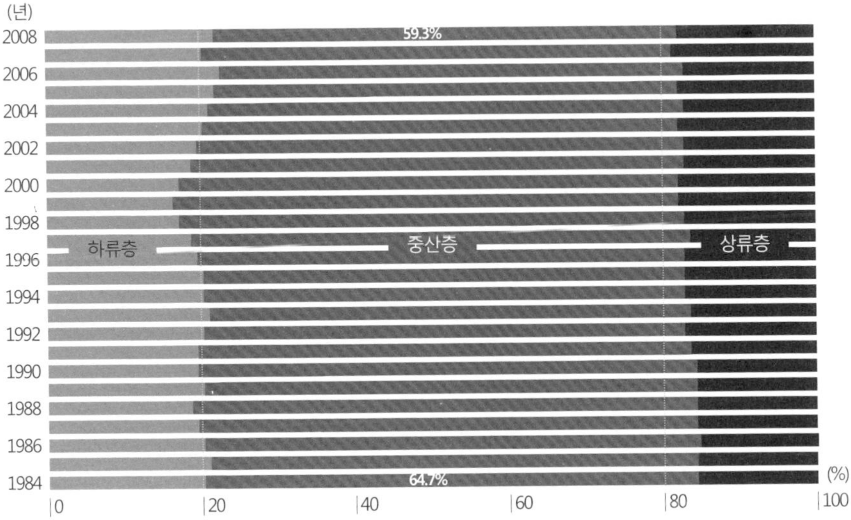

2008년에는 59.3%으로 떨어진다. 일부는 상류층으로 올라갔지만 하류층으로 떨어진 사람들도 적지 않다는 것을 알 수 있다. 독일에서 평균 소득의 60% 미만은 하류층, 60% 이상 150%는 중간층에 속한다고 일반적으로 본다. 중간층에 속하려면 싱글은 순수입 월 1,000-2,200유로, 2명의 아이가 있는 부부라면 2,100-4,600유로를 가져야 한다. 물론 이 금액이 많은 것은 아니다.

독일 상류층 10%은 국민 총자산의 61%와 국민 총소득의 36%를 취득한다. 독일 중간층은 그들의 자산과 소득에서 상류층과 비교도 안 되지만, 장기 실업자에 대한 혐오감으로 상류층과 연대감은 갖고 있다. 57%의 독일인들은 자신들이 부담한 사회비용으로 장기 실업자들이 그들의 인생을 즐기고 있다고 생각하기 때문이다. 즉 이들은 하류층에 의하여 재산을 강탈당하고 있다고 믿는다(Spiegel online, 2010. 6. 17).

도표 46. 독일 공적 의료보험 분담금(Die Zeit)

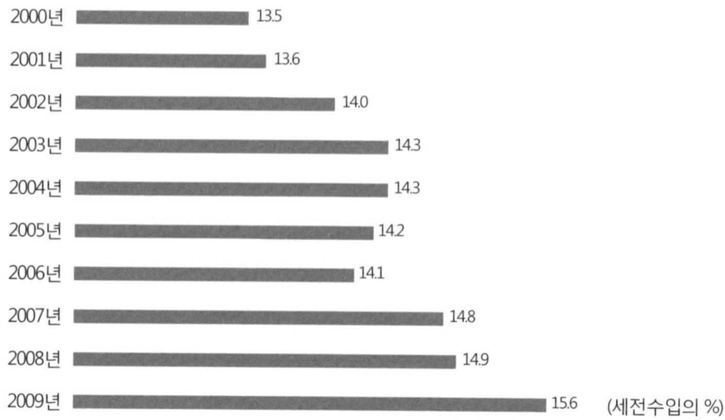

예를 들면 〈도표 46〉에서도 볼 수 있듯이 의료보험 분담액도 끊임없이 증가하고, 지금은 세전 소득 15.6%를 분담하고 있다. 병원비와 약값도 환자가 부담해야할 액수가 늘어나고 있다. 이처럼 분담액이 늘어난 이유 중의 하나가 실업자가 늘어났기 때문이다. 하층민의 부담을 떠맡기 때문에 중간층이 부담해야 될 의료분담금이 높아진다. 독일의 의료보험제도는 일정한 소득이 넘으면 의무적으로 보험을 들어야 될 필요가 없다. 즉 부자들은 공적 보험을 굳이 들지 않아도 된다. 그러니까 공공 의료보험의 부담금을 부유층이 아닌 중간층이 부담하여 가난한 사람들 몫까지 떠맡고 있다.

독일의 세금제도는 아주 복잡하다. 세계에서 사용되는 세금 양식의 70%가 독일에서 사용된다고 하니 독일의 세제가 얼마나 복잡한지 알 수 있다. 자민당과 같은 경우는 오래전부터 세제를 단일화해야 한다고 주장하지만 다른 정당들이 동조를 하지 않는다. 세제가 복잡하면 부자들에게 유리하기 때문이다. 경제 위기로 독일 국민이 갚아야 할 돈이 또 늘었다. 이것도 거의 대부분 중산층이 세금으로 갚아야 한다. 하류층은 능력이 없고 상류층은

도표 47. 독일인 1인당 부담해야 할 국가 부채(Die Zeit, 2009. 5. 20)

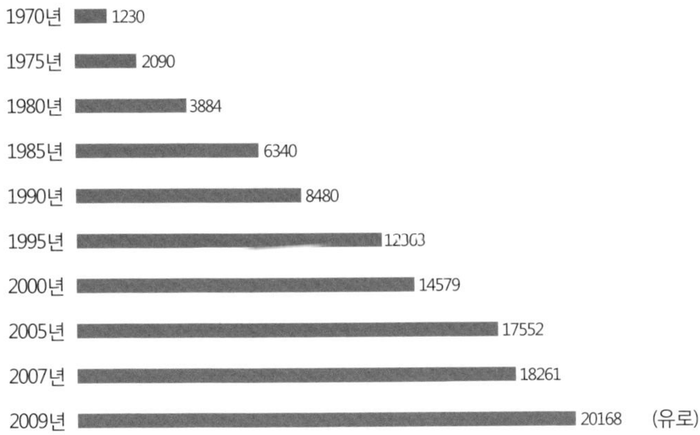

경제적 능력에 비해서 적은 비율만 떠맡기 때문이다. 〈도표 47〉에서 보듯이 독일도 2008년 경제 위기로 인해서 국가 부채가 많이 늘어났다. 이로 인해서 독일인 1인이 떠맡아야 할 빚이 무려 2만 168유로가 되었다.

독일은 과거 한때 세계 경제의 모델로 부러움의 대상이었다. 그러던 경제 강국이 왜 이렇게 허약해져 빚더미에 얹혀 있나. 슈타인가르트의 분석에 의하면 1970년대의 사민당 집권 시절부터 만들어진 사회보장제도 때문이라는 것이다. 온갖 사회보장제도를 만들어 많은 사람들에게 혜택을 준 것이 독일이 경제적으로 무너지는 원인이라는 것이다(Steingart, p. 60). 〈도표 47〉을 보면 독일 정부의 빚은 1970년대의 빌리 브란트 수상 때부터 급속히 늘기 시작한다. 그러면서 계속 늘어났는데 통일 이후에 또 급속히 늘어난다. 이 빚을 다 갚으려면 독일 정부가 매달 10억 유로씩 갚는다고 해도 120년이 걸린다는 계산이 나온다(Müller, p. 151).

독일 중간층은 경제 위기 때만 손해를 보는 것이 아니라 경기가 좋아질 때에도 손해를 본다고 생각한다. 위기 때에는 위기라서 손해를 보는 것이

도표 48. 독일 중간층의 경제적 고민(Spiegel online, 2010. 6. 17)

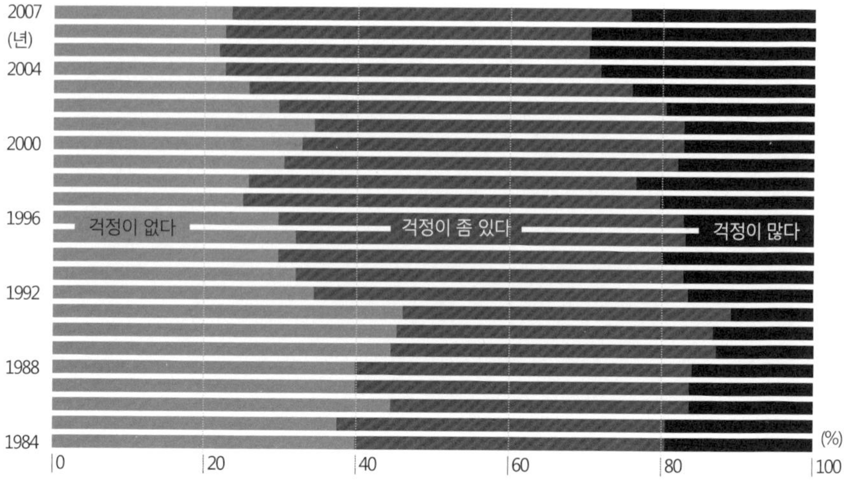

니까 이해를 할 수 있다. 하지만 경제가 회복되면 그 알맹이는 고스란히 상류층이 가져간다는 것을 알았기 때문이다. 그뿐만 아니라 국가 부채도 중간층이 고스란히 떠맡게 되었다는 것이다. 또 세제 개혁을 하면 득을 보는 것은 상류층뿐이고, 중간층은 빈곤층을 떠맡도록 되어 있다는 것이다(Spiegel online, 2010. 4. 8).

그래서 독일의 중간층은 점점 불만스러워한다. 이들 독일 중간층의 경제적 고민을 나타내는 것이 〈도표 48〉이다. 통일 후 시간이 흐를수록 독일 중산층의 근심이 늘어난다는 것을 알 수 있다.

2) 늘어나는 중 · 상류층 사이의 경제력 격차

OECD 보고서에 의하면 독일의 빈부 격차는 점점 커지고 있다. 1990년대 초반의 경우 독일의 빈곤층은 다른 OECD 국가보다 25% 정도 적었지만,

도표 49. 독일인의 자산 소유 현황(SZ, 2007. 11. 7)

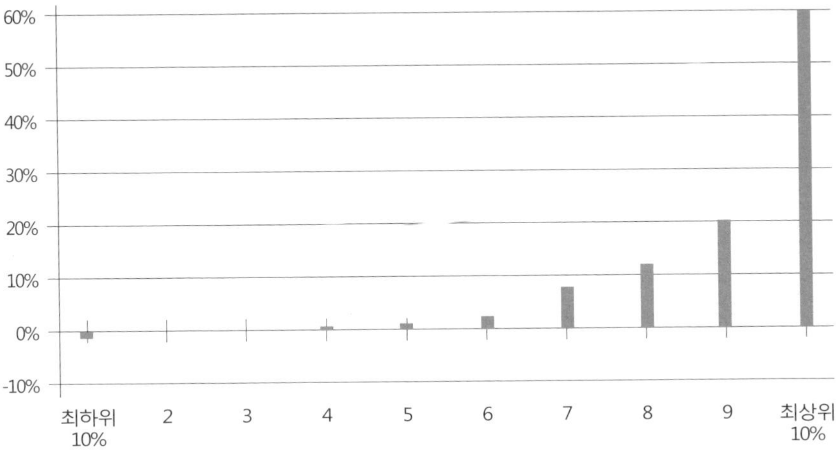

이제는 평균치보다 조금 넘어섰다. 이것은 독일에서의 빈부 격차가 얼마나 빠르게 벌어지고 있나를 발해 주고 있는 것이다. 저소득자는 세후 월 1천 유로 이하를 버는 사람이다. 소비연구학회의 기준에 상류층은 개인 또는 가게가 세후 7,500유로 이상을 버는 사람이다. 이들은 주로 독일 남부에 살고 있다. 뮌헨 부근의 슈타른베르크에 15.2%, 프랑크푸르트 부근의 호흐타우누스에 14.7%, 프랑크푸르트의 마인강-타우누스 지역에 14%가 몰려 살고 있다(Spiegel online, 2008. 12. 4).

〈도표 49〉에서 알 수 있듯이 독일인 상류 10%가 독일 국민 총자산의 60%를 소유하고 있다. 그 다음의 10%를 합쳐 상류 20%가 가진 자산을 보면, 이들은 국내 총자산의 80%를 가지고 있다. 반면에 17세 이상 독일인 하류층 50%는 아무것도 가진 것이 없다. 하류 50%는 일상생활을 하고 그냥 빚 갚기에 바쁘다. 이 자료는 독일 경제연구소가 조사한 것을 남독신문이 보도한 내용이다. 여기에 자산으로 고려한 것은 빚을 제외한 예금, 주식, 부동산, 연금, 보험, 소장 예술예술품을 포함한 것이다. 이 모든 것을 돈으

로 환산하면 5조 4천억 유로이다. 이것을 독일 국민 1인당 나누면 8만 1천 유로로 돌아간다. 하지만 2002년을 기준으로 하면 독일인 17세 이상의 하류층 50%는 아무것도 가진 것이 없다. 이것을 동서독으로 구분하면 서독인들은 동독인들보다 자산이 2.6배가 많다. 동독인들은 대개 빚을 지고 부동산은 가진 것이 없는 경우가 많다. 이것을 또 성별로 따져 보면 여자들은 남자들보다 평균 3만 유로 적게 재산을 보유하고 있다.

이들 상위 10% 부자들은 소득도 많다. 1996년에서 2006년 사이에 4%가 늘어나 현재 전체 소득의 33.8%를 벌고 있다. 물론 이러한 경향은 독일에만 있는 것은 아니다. 독일도 세계 전체 경향과 맞물려 돌아간다고 볼 수 있다. 그 원인은 기술의 발전과 무역의 자유화이다. 전문가들은 기술의 발전을 이용하여 생산적으로 변환시킬 가능성을 지니고 있기 때문이다(SZ, 2007. 11. 7).

상류층 20%는 세전 수입의 47.3%(세후 35.4%), 하류 20%는 세전 0.9%(세후 9.7%)를 소득으로 번다(Schroeder, p. 284).

2008년에 세계경제 위기가 닥쳤다. 많은 사람들이 어려움을 겼었다. 직장을 잃거나 재산의 손실을 보았다. 그런데 2009년에는 전 세계의 총자산 111조 5천억 유로에 도달했다. 이는 경제 위기가 오기 전인 2007년의 것과 같은 액수이다. 그런데 경제 위기가 끝나자 부의 증가량은 고스란히 부자들의 차지로 돌아갔다. 이것은 보스턴 컨설팅 그룹의 연구 결과이다. 경제 위기는 적어도 금융시장에서는 끝이 났다. 2009년에 현금, 주식, 채권, 펀드을 소지한 자산가들은 11.5%의 성장을 누렸다. 2008년에는 금융위기로 2007년 대비 10% 손실을 보았다. 미국, 유럽, 아시아 등의 수많은 자산가들은 잃었던 자산을 만회하고도 수익을 얻었다는 결론이 가능하다.

이들이 자산을 증식할 수 있었던 것은 금융시장에서의 만회 때문이다.

도표 50. 상장기업 임원과 일반 노동자의 임금 상승률 비교(남독신문, 2008. 7. 1)

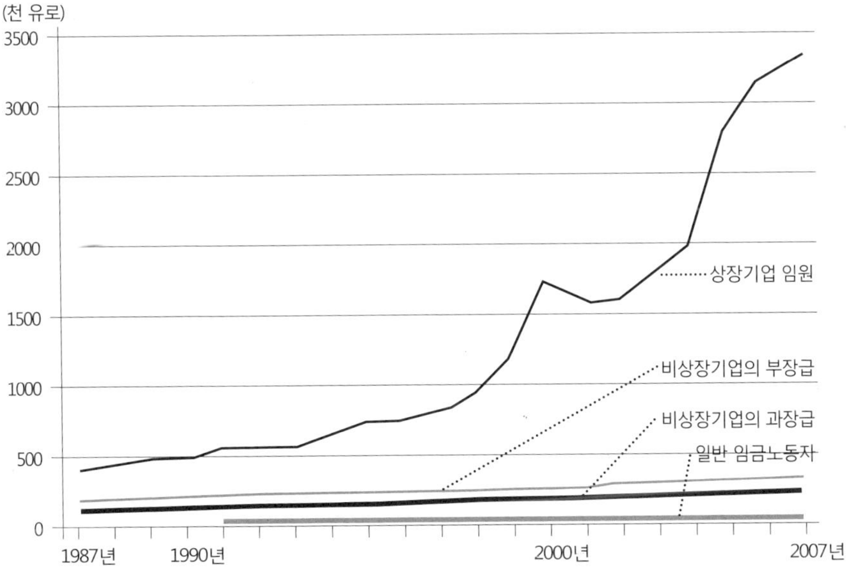

작년에 전 세계적으로 1,120만 명의 백만장자가 있었다. 이는 2008년보다 14%가 늘어난 숫자이다. 미국은 이중 470만 명, 일본 120만 명, 중국 67만 명, 영국 48만 5천 명, 독일 43만 명의 순이다(Spiegel online, 2010. 6. 10).

〈도표 50〉에서 보듯이 독일 상장기업의 임원 연봉은 지난 20년 사이에 650%가 올랐다. 이들의 연봉은 1987년에 평균 445,800유로이던 것이 2007년에 3,334,000유로로 상승했다. 비상장기업의 부장급은 연봉은 62,000유로에서 80% 올라 111,000유로가 되었다. 하지만 일반 노동자들의 월급은 이 기간 동안에 별로 오르지 않았다. 1991년에 19,700유로에서 2007년에 27,100유로로 올라 37%의 상승을 기록했다(SZ, 2008. 7.1).

상장기업의 임원들이 이렇게 임금이 늘어난 것은 기술의 발달과 기업의 국제화가 주요 원인이라고 한다. 그보다 더 중요한 원인은 임금이 성과

급제로 바뀐 것이다. 예를 들어 뉴이코노미가 성행을 하던 2000년에는 주식이 42% 뛰었고, 몇 년 후인 2005년에는 37.8%가 폭등했다. 더 큰 원인은 최고경영자에 대한 수요가 공급보다 많다는 데서 찾아야 된다는 지적도 있다. 일반 노동자의 월급이 이렇게 적게 오른 것은 통일에서 그 원인을 찾을

도표 51. 상승하는 기업 이익과 줄어드는 임금 소득

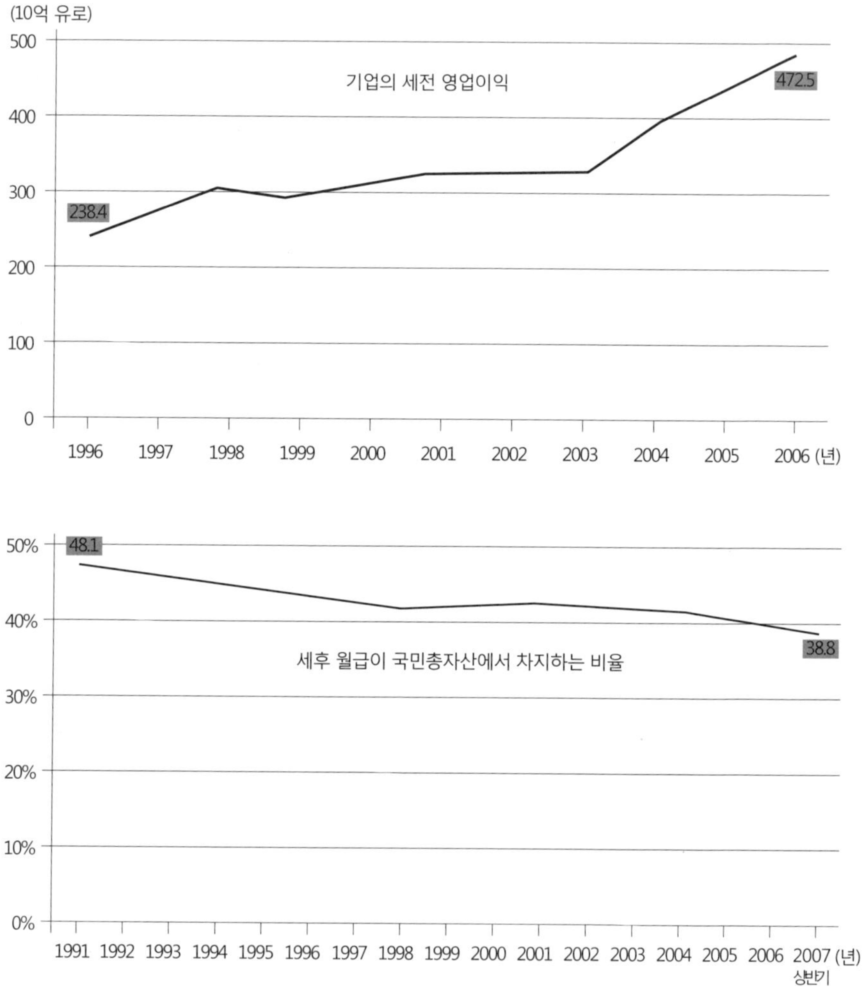

수 있다. 동서독 임금 동일화 정책 때문에 서독 노동자의 월급을 억제했다. 이런 임금 차이는 지난 10년 사이에 뚜렷하게 커졌다. 노동자의 월급은 1% 정도 오르는 데 그치고, 소수의 작은 집단은 몇 배의 상승을 누렸다(SZ, 2008. 7. 1).

경기가 좋든 나쁘든 소득은 불공평하게 분배된다는 것이 한스-뵈클러 연구소의 연구 결과이다. 기업의 수입과 자산은 증가하지만, 임금소득이 총자산에서 차지하는 비중은 줄어들기 때문이다. 예를 들어 2006년도의 경우 임금은 가용 국민 총자산의 41%를 차지했지만, 2007년 전반기에 보면 그 비중은 2% 줄어든 것이다. 기업이익과 자산소득은 2007년의 경우 지난해 국민 총자산의 34%에 도달했다. 이런 변화는 소득과 자산의 상이한 세제 때문이라고 한다. 노동소득에는 평균 17%의 세금과 17.1% 보험료가 부과된다. 기업이익과 자산소득에는 평균 7.1% 세금과 기타 분담금 2.1%만 부과한다. 소득의 불평등은 더 지속될 것인데, 그 이유는 세제 개혁이 기업에게 유리하게 되었기 때문이다(SZ, 2007. 11. 30).

독일 중산층은 경기가 나빠도 좋아도 손해를 본다며 불만이다. 상류층의 경우는 손해는 회사나 사회로 떠넘기고, 이익이 발생하면 사적인 것으로 처리한다는 것이다. 그러면서 세금 혜택을 이래저래 보기 때문에 사회분담금을 떠맡는 비율이 이익에 비해서 상대적으로 적다는 것이다. 그런데 중간층은 국가 부채의 상당 부분, 그리고 하류층의 사회안전망의 분담금을 상당 부분 떠맡는다. 특히 통일 이후에 동독의 가난한 사람들의 분담금마저 떠맡게 되었다. 거기에 정치도 제대로 돌아가지도 않고, 교육제도도 국제 경쟁력을 제대로 갖추지 못해 불안감이 커졌다는 것이다. 중간층의 불만은 통일에 대한 불만으로 이어지기도 한다.

5. 서독인들의 불만

1) 전혀 예상 못한 통일

독일이 통일을 철저히 준비했다는 말은 거짓말이다. 통일 전에 서독인들 중에서 통일이 가능하다고 믿은 사람은 소수였다. 〈도표 52〉에서 보듯이 1960년대 후반에 들어서면서 동서독의 통일은 주요한 사회적 이슈가 되지 못했다. 또 통일이 가능하다고도 생각하지 않았고 필요성도 크게 느끼지 못했다. 그런데 뜻밖에 통일을 하고 보니 사정이 달라졌다. 서독인들의 이런 불안감을 콜 수상은 알고 있었다. 그래서 통일이 되더라도 세금 한푼도 더 올리지 않겠다고 약속했다. 물론 이건 공수표가 되고 서독인들은 통일 후 끊임없는 온갖 세금에 지치고 말았다.

〈도표 53〉는 16세 이상의 서독 사람들에게 통일이 가능하다고 생각하는지를 물어본 것이다. 통일이 가능하다고 생각한 사람들은 대체적으로 20%를 유지했다. 시간이 흐르면서 그 비율은 점차 줄어들다가, 통일이 되기 4년 전에는 가장 낮게 나타난다. 그런데 통일은 불가능하다고 생각한 사람의 비율은 대체적으로 60% 근처에 머물렀다. 또 20% 정도의 사람들은 대답할 수가 없다고 응답했다. 특히 1960년대 말 학생운동 이후에는 통일을 가능하다고 믿는 사람은 소수라고 보아야 한다. 특히 사회 여론 주도층에서는 공적으로 통일 가능성을 말하는 것은 거의 금기 사항이었다.

도표 52. "통일은 중요한 문제인가"에 대한 대답(Schroeder, p.105)

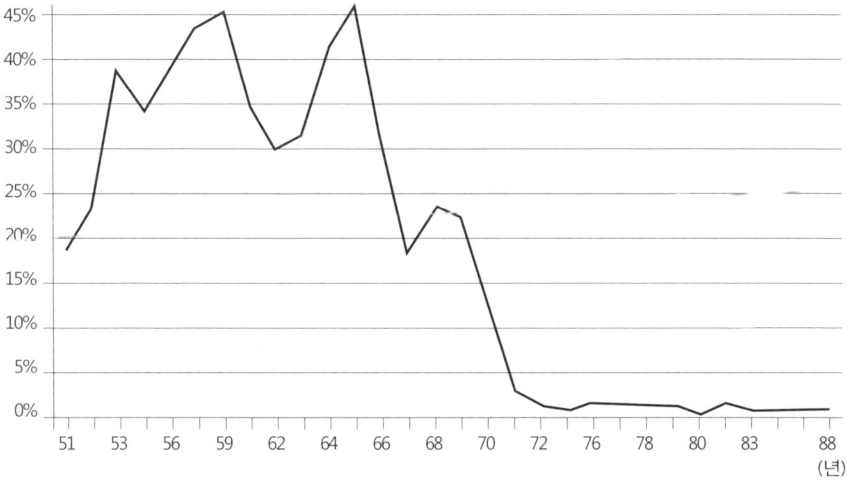

도표 53. "통일은 가능하다고 생각하는가"에 대한 대답(Schroeder, p. 106)

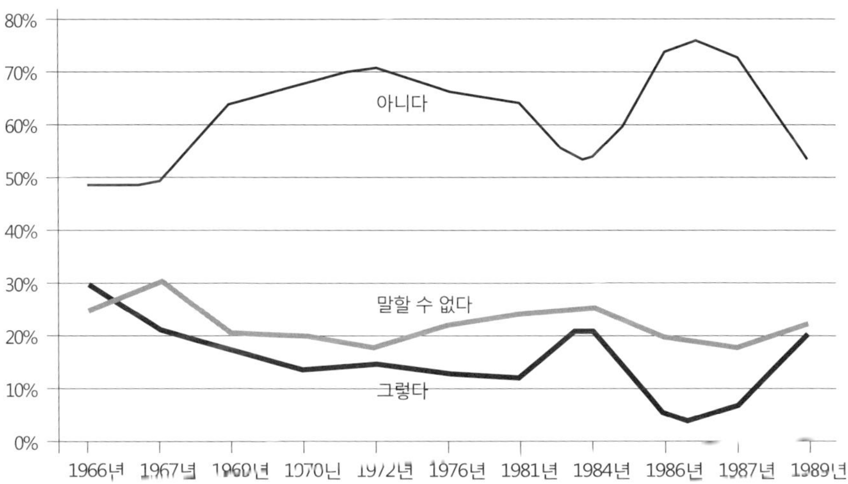

2) 동독 지원으로 점차 가중되는 서독인들 부담

〈도표 54〉는 서독의 연금 부담의 경우 1993년과 1995년을 제외하고는 흑자를 보이고 있는 반면에 동독의 경우 통일 이후부터 연금 적자가 점점 늘어나고 있다. 이는 서독에서 연금 분담금을 내어 동독 연금 생활자들의 연금을 메우고 있다는 것을 의미한다. 더욱이 동독의 연금 보험 상황은 시간이 흐를수록 그 적자폭이 자꾸만 커져 간다. 서독의 연금 분담금이 동쪽으로 끊임없이 흘러간다는 뜻이다.

이를 2003년을 예로 들어 구체적으로 보자. 서독에서는 1,401억 6,400백만 유로가 걷히고 1,771억 8,400만 유로의 연금으로 지불되어 적자가 370억 1,900만 유로가 된다. 반면에 동독의 경우(인구 서독의 약 15%) 306억 8,100만 유로를 거두어 566억 4100만 유로를 연금으로 지불한다. 서독은 1인당 2,136유로를 내고 2,700유로를 받는 데 비해서, 동독은 1,814유로를

도표 54. 공적연금의 동서독 재정 상태 비교(Schroeder, p. 106)

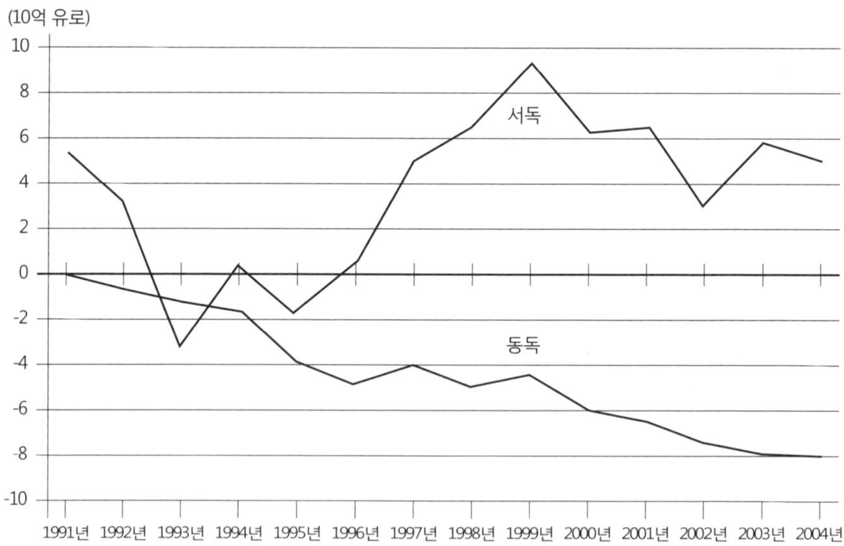

내고 3,349유로를 받는다. 동독 사람들은 내는 분담금에 비해서 상당히 많은 연금을 받는다는 것을 알 수 있다.

통일을 전후하여 최대로 이득을 본 사람은 동독의 연금 생활자이다. 통일 전에 동독의 연금 생활자는 서독의 1/3 정도를 수령했다. 이들의 임금이 서독보다 낮았고, 또 소득의 30-40%를 연금으로 수령하는 것이 일반적이었기 때문이었다. 그런데 동독의 연금은 통일 후에 급등했다. 이들이 받는 연금 수령액이 자기 소득의 80% 또는 일부는 100%를 넘었다(Schroeder, pp. 373-374). 1999년을 기준으로 하면 동독의 남자는 1,917서독마르크(DM), 여자는 1,179서독마르크를 받았다. 반면에 서독 남자는 1,856서독마르크, 여자는 875서독마르크를 받았다.

〈도표 55〉를 보면 동독인들이 통일 후에 갑자기 연금을 많이 받게 되었다는 것을 알 수 있다. 왼쪽의 그래프는 동서독 여자들의 연금 변화를 나다낸다. 통일 전에 동독의 여자들의 연금은 서독 여자들의 2/3 수준에 불과하

도표 55. 1989년부터 2005년까지 동서독 남녀간 연금수령액 비교(Schroeder, p. 376)

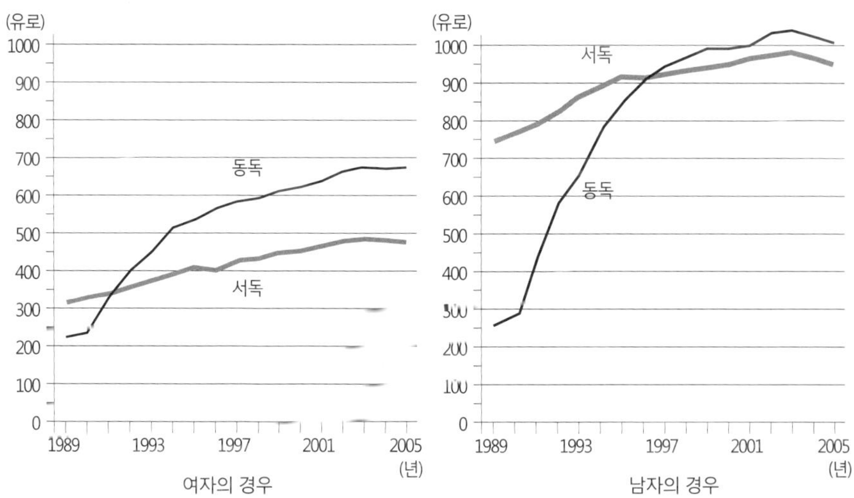

다. 통일 후에 동독 여자들의 연금 수령액은 통일이 되자마자 서독 여자의 수령액을 능가한다. 2005년을 기준으로 하면 거꾸로 서독 여자들의 연금은 동독 여자들 연금의 2/3에 불과하다.

남자들의 경우도 비슷하다. 통일 전 동독 남자들의 연금은 서독 남자들의 30%에 불과했다. 이들도 여자들의 경우와 마찬가지로 통일 후에 연금이 급등한다. 1997년이 되면 동독 남자들의 연금은 서독 남자들을 추월한다. 2005년을 기준으로 하면 동독 남자들이 서독보다 더 많은 연금을 받는다는 것을 〈도표 55〉에서 알 수 있다.

동독의 연금수령액을 명목만으로 따지만 1988년에서 1999년 사이에 3배나 증가했다. 2004년 12월 31일을 기준으로 하면 동독의 남자가 1,018유로, 동독 여자가 659유로, 서독 남자가 973유로, 서독 여자가 479유로를 받는다. 동독 남자가 서독 남자보다 45유로를 더 받고, 동독 여자는 서독 여자보다 무려 180유로를 더 받는다. 그럼에도 불구하고 60세가 넘은 동독인들의 58%는 자신의 연금이 자기가 행한 노동에 비해 부족하다고 말한다. 이런 불만족은 서독인의 55%보다 높다.

〈표 17〉에서 알수 있듯이 정부에서 보면, 동서독 모두 연금수입액에 비해서 지불액이 많다. 이 적자분은 연방정부가 세금으로 메워 주고 있다. 위

표 17. 동서독 연금 수입액과 지불액 비교(Schroeder, p. 234)

	수입액	지불액	잔액
서독 (베를린 제외)	총 140,164백만 유로	총 1777,184백만 유로	총 –37,019유로
	1인당 2,136유로	1인당 2,700유로	1인당 –564유로
동독	총 30,681유로	총 56,641유로	총 –25,959유로
	1인당 1,814유로	1인당 3,349유로	1인당 –1,535유로

표 18. 동서독 공적 의료보험 수령액과 지불액 비교(Schroeder, p. 235)

	1인당 수령액	1인당 지불액
서독	2,896유로	2,832유로
동독	2,213유로	2,494유로

에서도 보았듯이 특히 동독의 적자분이 서독에 비해서 많은 편이다. 즉 동독 인구는 서독의 20% 정도인데 연금 적자는 70%에 달한다. 1인을 기준으로 해도 결과는 마찬가지다.

이번에는 의료보험을 살펴보자. 서독인들은 2005년의 경우 1인당 2,832유로를 내고 2,896유로의 의료보험 혜택을 보아서 큰 적자를 내지 않았다. 동독인들의 경우는 2,213유로를 의료보험비로 내고, 2,494유로의 보험료 혜택을 보아, 1인당 200유로 정도의 적자 원인을 유발했다. 동독인들의 부속한 의료보험료 부담금을 위해 동독으로 흘러간 돈은 1999년부터 2004년까지 128억 유로이다. 2005년의 경우만 해도 34억 유로가 동독에 지원되었다(Schroeder, p. 233).

독일에서 큰 문제 중의 하나가 이 의료보험 문제이다. 의료비 부담률은 해마다 높아지지만 보험사들의 적자가 누적되어 가기 때문이다. 의료보험료 부담률을 보면 1995년에는 세전 월급의 13.2%, 2005년에는 14.2%이던 것이, 2009년에는 15.6%이다. 보험자들은 부담할 수 있는 한계에 왔다고 주장하고, 보험사들은 적자라고 맞서고 있다. 지금까지 독일의 정부가 이 문제 해결에 나섰지만 모두가 실패하고 말았다.

연금보험이나 의료보험보다 동서 격차가 더 심한 것이 실업보험이다. 2003년의 경우 동독인 실업자에게 지급된 실업보험금의 반 이상이 서독인들의 분담금 또는 연방정부의 지원금으로 충당되었다. 2003년 연방정부의

표 19. 실업보험 분담액과 지급액 동서독 비교(Schroeder, p. 236)

	분담액	지급액	잔액
서독 (베를린 제외)	총 42,226백만 유로	총 38,222백만 유로	총 4,004유로
	1인당 644유로	1인당 682유로	1인당 61유로
동독	총 8236유로	총 18,494유로	총 −10,258유로
	1인당 487유로	1인당 1,094유로	1인당 −607유로

보조금은 620억 유로였다(Schoreder, p. 237). 서독의 경우 실업보험금으로 걷힌 총액 422억 유로 중에서 382억 유로를 지급하고 나면 40억 유로 정도가 남는다. 그런데 동독의 경우 82억 유로가 걷혀 무려 185억 유로를 지불하여 적자가 103억에 유로에 이른다. 이를 1인당으로 계산해 보면 서독인들은 1인당 644유로를 분담하여 682유로 보험금을 받는 데 비하여, 동독인들은 487유로를 내고 1,094유로를 타는 셈이 된다.

도표 56. 동독의 실질 가계 순수입의 서독에 대한 비율(Schroeder, p. 271)

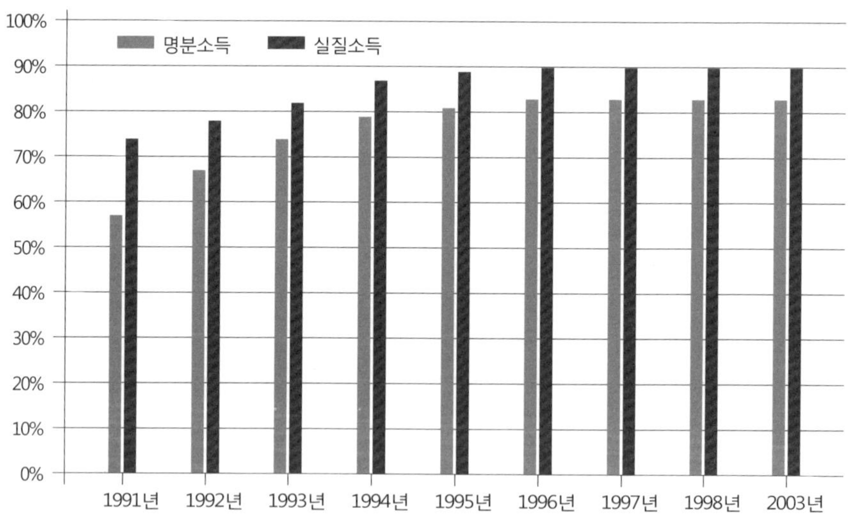

1990년 통일 이후부터 2006년까지 동독으로 흘러들어 간 돈은 대체적으로 1조 7,400억 유로이다. 매년 서독의 국내 총생산의 4-5%, 동독의 국내 총생산의 30%가 동독에 흘러들어간 셈이다. 이를 통해 동독의 구매력이 27% 정도 높아지고 동독 주민의 1인당 평균 소득이 서독의 1/2에서 2/3으로 향상되는 효과가 나타나며 동독 일자리 85만 개를 확보하게 해 준다는 것이다(Schroeder, p. 230).

동서독 주민 간의 소득 격차는 통일 후부터 빠르게 줄어들어 갔다. 〈도표 56〉에서 보듯이 통일 후인 1991년의 경우 동독의 가계 순수입은 서독의 57%에 불과했다. 그러던 것이 2003년이면 83%에 이른다. 그런데 이것은 명목상의 순수입이고 이를 실질 수입으로 환산하면 사정이 좀 달라진다. 1996년부터 동독의 가계 실질 수입은 서독의 90%에 이른다. 물론 이는 가계 구성에 따라 좀 달라진다. 싱글맘, 10대 아이를 가진 부부, 그리고 특히 연금 생활자는 서독 수준에 가까워져 있다. 반면에 1인 가계, 무자녀 부부

도표 57. 동서독의 살림살이 비교(Schroeder, p. 294)

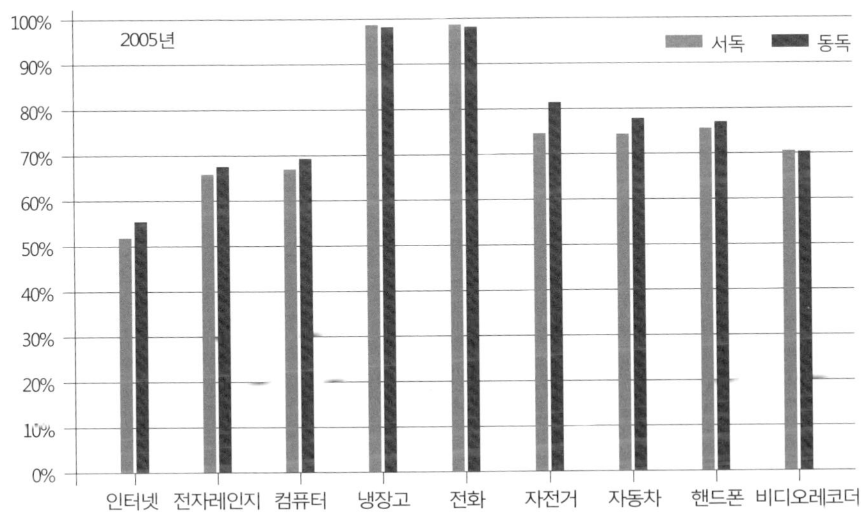

는 오히려 서독인들과 수입의 격차가 더 심해졌다(Schroeder, p. 270).

소비 성향은 동서독 사이에 많이 줄어들어 차이가 거의 없어졌다고 해도 과언이 아니다. 1990년에서 1993년 사이에 자동차는 동독인의 1/2, 세탁기는 1/3, 컬러텔레비전은 1/2, 비디오레코더는 1/3이 구입했다. 특히 노동자층에서 이 비율이 더 높아 예를 들어 노동자의 3/4이 새차를 샀다. 이들은 작은 차, 또는 외제차 등 상대적으로 값싼 자동차를 구입했다. 일부 품목에 대해서는 아직도 동서독 간에 차이가 있다. 예를 들어 2005년을 기준으로 하면 식기세척기는 서독인 가계 61.3%, 동독인 가계 49.6%가, 빨래건조기는 서독인 가계 43.2%, 동독인 가계 22.8%가 보유하고 있어 그 차이가 여전하다.

6. 모두가 불만스러운 통일

1) 동독 지원금에 대한 서독인들의 불만

독일 통일이 되기 전에는 통일의 가능성에 대해서 말하는 것은 금기였다. 특히 1960년대 말부터 통일이 가능하다고도 믿지 않았고 관심도 없었다. 통일에 대해서 말하는 것은 극우파에 속하는 사람들이었다. 공인으로서 통일에 대해서 말하면 바로 비판을 받았고 그의 정치 성향도 극우가 아닌가 하고 의심을 받았다. 그런데 통일이 되자 또 다른 금기 사항이 생겨났다. 통일이 잘못되었다고 공적으로 발언을 하는 것은 금기 사항이었다. 그보다 더 예민한 문제는 동독에 대한 경제적 지원을 비판하는 것이었다.

2006년에 드디어 그 금기 사항이 깨졌다. 수도 베를린은 현재 재정적으로 파산 상태나 마찬가지다. 냉전 시대에는 중앙정부 지원을 많이 받았는데, 통일 후에는 중앙정부의 지원이 예전 같지 않기 때문이다. 그래서 베를린 시가 연방정부 지원금을 더 가져가야 된다면서 연방헌법재판소에 소송을 제기했다. 그러면서 중앙정부에 세금을 많이 내는 부자 주들과 그 지원금을 받아 예산을 책정하는 가난한 주들 사이에 논쟁이 벌어졌다. 또 동독의 각 주들도 연방헌법재판소의 판결에 신경을 곤두세웠다. 판결 결과가 바로 그들에게도 영향을 미칠 수 있기 때문이다.

중앙정부에 돈을 많이 내는 주들은 베를린이 예산을 무분별하게 사용했기 때문이라면서 베를린시를 비판했다. 그리고는 만약 헌법재판소가 베를린시의 주장을 수용한다면, 베를린시의 예산 결정권 및 사용권을 박탈하고, 자신들이 결정하겠나고 나섰다. 일단은 헌법재판소가 베를린시의 주장을 수용하지 않음으로써 작은 소용돌이는 일단락되었다. 문제는 이 다음부터이다. 이를 계기로 동독으로의 지원금 문제에 대한 금기가 깨진 것으로 보인다. 실제 2007년 함부르크 시장 후보로 나선 사민당의 나우만 후보는 동독 지원을 비판했다. 또 2008년에는 서독의 가난한 지역인 루르 지방에서 자신들의 공공시설이 동독의 그것보다 더 낙후하다면서 공개적으로 호소하기도 했다. 이후부터는 동독 지원에 대한 비판이 드물지 않게 되었다.

이런 상황을 가장 잘 보여 주는 것이 독일 주간지 포쿠스의 특집이다. 다음 사진은 2010년 2월 1일자 이 잡지의 표지이다. 독수리는 독일의 상징이다. 오른쪽 날개는 황금으로 입혀져 있다. 그 뒤로 잔디가 단정하게 정리되고 길도 시원스레 닦여 있다. 이 길을 계속 따라가면 뒷편에 큰 교회가 보인다. 이것은 드레스덴에 있는 '프라우엔키르헤'이다. 이처럼 서독의 지원

독일 주간지 포쿠스의 표지(2010년 2월 1일자)

금으로 동독의 인프라가 잘 구축되어 있다는 것을 의미한다.

반면에 독수리의 왼쪽 날개는 털이 빠지고 색깔도 석탄처럼 검정색이다. 이 검정색은 과거의 영광을 말하는 루르 지역의 석탄인데 지금은 폐허처럼 되었다는 것을 말해 준다. 그 뒤의 잔디는 전혀 돌보지 않아 잡초처럼 보인다. 그로부터 연결된 도로는 움푹 패이고 포장도 제대로 되어 있지 않다. 그 도로는 먼지를 잔뜩 뒤집어 쓰고 있는 쾰른 성당과 루르 공업 단지로 연결된다. 서독은 이제 폐허처럼 되었다는 것이다. 그것을 이 잡지의 표제어가 말해 준다. "이제 누가 서독을 도울 것인가?" 부제는 "어떻게 동독 재건이 서독을 황폐화시켰나"이다.

〈표 20〉은 동독 재건 비용에 대한 서독인들의 불만을 잘 보여 준다. 이것은 "동독 재건에 대한 연방정부의 정책에 대해서 만족합니까"라는 질

표 20. 동독 재건에 대한 동서독 만족도 비교(Schroeder, p. 516)

	서독		동독	
	2001년	2004년	2001년	2004년
만족	26%	18%	11%	10%
불만족	42%	52%	76%	70%
모르겠음	32%	30%	13%	20%
합계	100%	100%	100%	100%

문에 대한 결과이다. 서독인들의 경우 만족한다고 대답한 사람은 2001년 26%에서 2004년에는 18%로 줄어든다. 대신 불만족한다고 대답한 사람은 42%에서 52% 늘어난다. 반면에 동독인들의 경우에는 큰 변화가 없다. 만족한다고 대답한 사람은 2001년의 11%에서 2004년에는 10%로 1% 낮아졌다. 불만인 동독인들은 2001년의 76%에서 2004년의 70%로 줄어들어 오히려 긍정적인 반응을 보여 준다.

다른 설문에 따르면 1999년이 되면, 서독인의 2/3 정도는 통일 비용을 서독 사람이 거의 담당하는 데 불만을 나타낸다. 즉 그 부담이 너무 크다는 것이다. 여기에 대해서 동독인들은 1/10 정도만이 서독인의 부담감에 대해서 이해를 하겠다는 것이다. 동독인들의 1/3은 서독 지원금이 오히려 적다고 대답했다. 또 동독인들의 84%는 서독의 동독 지원은 계속되어야 한다는 의견을 제시했다. 여기에 대해서 서독인들의 1/2 정도는 동독 지원금을 줄여야 한다고 대답했다(Schroeder, p. 516).

통일 비용은 서독인이 거의 다 부담한다는 것을 모두가 알고 있다. 그런데 1997년과 2000년의 설문조사에 따르면, 동독인의 약 반 정도는 서독인들이 동독 재건에 기여하고 싶어하지 않는다는 느낌을 받는다고 대답했다. 서독인의 1/3 정도가 동독인들의 이 견해에 동의했다. 더욱이 동독인의 44%만이 서독인에 대해서 개인적인 연대감을 갖는다고 대답을 했다. 이는 서독인의 52%가 동독인에 대해서 개인적인 연대감을 갖는다고 말한 수치보다 더 낮다. 이 설문 결과는 1998년에 있었다(Schroeder, p. 516).

2) 여전히 낯선 동서독

동독인의 이런 태도는 서독인들의 반감을 불러일으켰다. 동독인들은 서독인들의 통일 부담금 지불을 당연하게 받아들였다. 거기다 동독인 대다수가 그것에 대해서 고맙다거나 서독인에 대해서 연대감을 느낀다고 표현한 적이 없기 때문이다. 그래서 2004년 설문에 따르면 서독인 1/3은 동독인 대부분이 고마워할 줄 모른다고 생각했다. 또 서독인 35%는 동독인 대부분은 게으르고 그래서 독자적으로 무엇을 할 줄 모른다는 생각을 피력했다(Schroeder, p. 516).

통일에 대한 동서독인들의 상반된 견해는 다음의 조사에서 잘 드러난

도표 58. "통일은 동서독 누구에게 더 이익인가"에 대한 대답(Heitmeyer, p. 18)

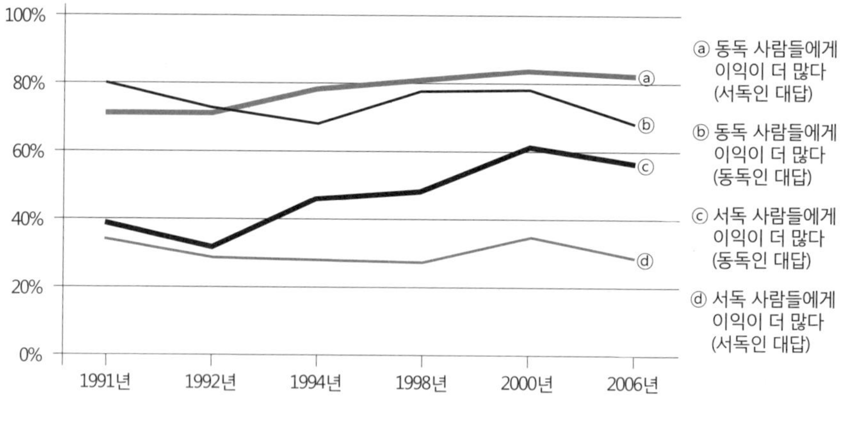

다. 동서독인들에게 통일은 잘한 것이냐고 물으면 거의 모든 사람들이 그렇다고 대답한다. 2008년의 조사에 따르면 서독인의 89%, 동독인의 91%가 그렇다고 대답한다(Heitmeyer, p. 21). 그런데 이런 동서독인들의 의견 일치는 다음의 질문에서 금방 나뉘어진다. 그럼 그 통일은 누구에게 덕이 되었느냐고 물으면, 서로 상대방에게 이익이 되었다고 지적한다.

〈도표 58〉에서 보듯이 동서독인 모두가 통일은 동독인들에게 도움이 되었다고 대답한다(ⓐ, ⓑ). 이 점에서는 의견이 거의 일치한다. 그런데 동독인들은 시간이 지나면서, 통일은 자신들에게 이득이 되었다기 보다는 서독인들에게 이익이 되었다고 말하는 사람이 늘어난다. 서독인은 이와 정반대로 생각을 한다. 즉 통일은 자신들에게 이익이 되었다기보다는 동독인들에게 이익이 되었다고 말하는 사람들이 점차 늘어난다(ⓒ). 통일이 누구에게 더 이익이 되었는가를 두고는 동서독인들 간에 완전히 상반된 대답을 하고 있는 것이다(ⓐ, ⓓ).

〈도표 59〉에서 보듯이 동서독인들 똑같이 상대편에 대해서 또는 자신

도표 59. "동독인들이 더 인내심을 가져야 된다/서독인들이 더 희생해야 된다"에 대한 동서독인들의 응답(Heitmeyer, p. 19)

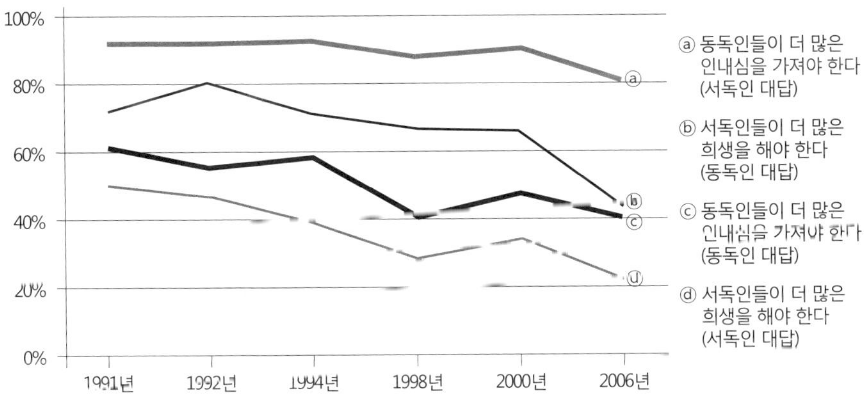

들에 대한 기대가 점차 줄어들고 있다. 예를 들면 동독인들이 인내심을 가져야 된다고 대답한 서독인들은 1991년에 94%였는데, 그로부터 15년이 지나면 82%로 줄어든다(ⓐ). 서독인 대다수가 여전히 동독인들은 인내심을 가져야 된다고 생각한다. 반면에 동독인들에게는 그 인내심이 끝났다. 2006년에 40%만이 자신들의 인내심이 필요하다고 대답했다(ⓒ). 서독인들이 더 많은 희생을 감수해야 된다고 대답하는 동독인들도 줄어들어 2006년에는 40%에 그쳤다(ⓑ). 서독인들의 경우는 통일 직후에는 50% 정도가 서독인이 더 많은 희생을 해야 된다고 생각했지만, 2006년에는 20%만이 그렇게 생각한다. 서독인 자신들도 희생할 준비가 되어 있다고 대답하는 수가 급격히 줄고 있다(ⓓ).

이렇게 두고 보면 동서독 간에 동질화가 간단하지 않다는 것을 알 수 있다. 서로간에 낯선 느낌만 확인할 따름이다. 시간이 지나면서 상대편과 자신에 대한 기대는 줄어들고, 통일의 이익은 상대편이 가져갔다고 생각하는 사람들이 늘고 있기 때문이다. 이런 사실은 다음의 조사 결과를 보면 다시 확인할 수 있다. 동서독인들이 상대편에 대해서 느끼는 낯선 감정은 시

도표 60. "동(/서)독인들은 외국인들보다 더 낯설게 느껴진다"(Heitmeyer, p. 17)

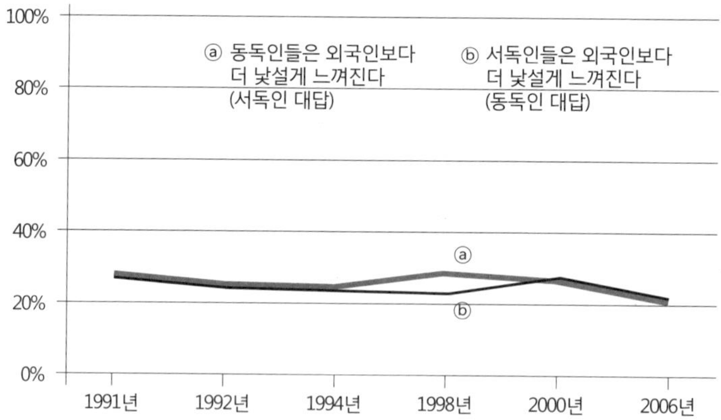

간이 흘러도 변하지 않는다는 사실이다. 〈도표 60〉에서 보듯이 동독인들이 다른 나라 사람보다 더 낯설다고 느끼는 서독인들이 20%가 되고, 동독인들이 서독인들에게 느끼는 그러한 감정 또한 시간이 흘러도 거의 변하지 않았다.

동독 사람들만 통일에 대해서 불만이 있는 것은 아니다. 서독인들은 통일 부담 때문에 생활 수준도 낮아졌고 사회안전망도 줄어들었다고 불만을 피력한다. 바로 이 입장을 대변한 것이, 리터 교수의 저서 《통일의 대가》이다. 그에 따르면 복지국가인 독일이 통일 비용을 대기 위해서 복지국가를 포기하는 대가를 치렀다는 것이다. 또 뮐러는 통일 비용 때문에 독일이 몰락해 가고 있다고 했다. 즉 서독이 동독의 인질이 되어 계속 지원을 해야 하는데, 이것이 마치 대재앙으로 닥가오고 있다는 것이다. 이 책은 쉽게 말하면 서독인들의 불만을 학술적으로 표현한 것이라고 할 수 있다.

〈도표 61〉에서 보듯이 차라리 통일을 하지 말았더라면 하는 사람들이 동서독 양쪽에서 늘어나고 있다. 통일 이후부터 늘어나다 1999년에 줄어

도표 61. "차라리 통일하지 말걸"(Schroeder, p. 515)

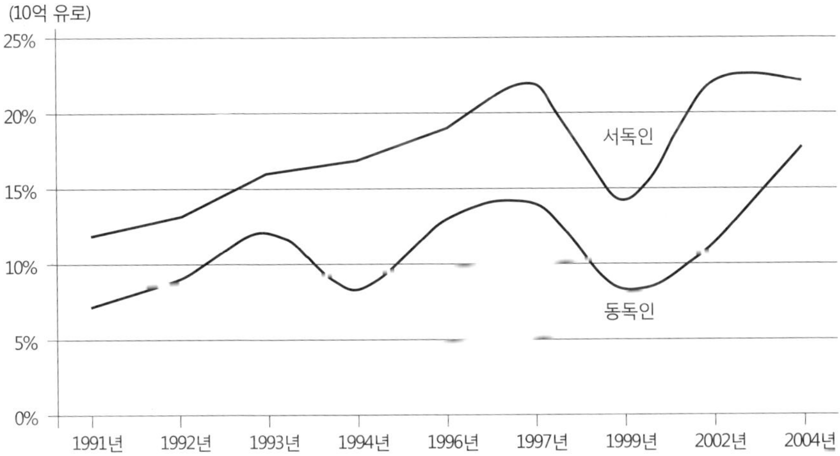

들었다고 2000년대가 되면서 다시 급증하고 있다. 통일된 지 15년이 지난 후 포르사 조사에 따르면 서독인 25%는 차라리 통일 전으로 돌아가고 싶어했다. 반면에 동독인들은 12%만이 이 견해를 가지고 있다. 2005년에 있었던 설문 조사에서 서독인 36%, 동독인 39%는 차라리 통일이 되지 않았으면 하는 생각을 적어도 한 번 이상 했다고 대답했다.

맺음말

필자는 동독 사회의 특징을 세 가지로 규정했다. 빈곤, 이향, 외국인 혐오증이 그것이다.

첫째, 동독인들은 서독인들에 비해서 여전히 가난하다. 그 상대적 빈곤으로 인해서 통일에 대한 기대가 완전히 사라진다. 심리가 뒤틀려 극좌 정당 또는 극우 정당에 투표를 하기도 하고, 과거 동독 시절에 대해서 동경을 갖고서 정체성을 찾기도 한다.

둘째, 잘살아 보겠다는 의지가 있는 사람들은 서독으로 떠난다. 고학력자나 자격증을 가진 젊은이들이 많다. 그것도 남자보다 젊은 여자들이 서독으로 많이 떠나 동독에는 어디 가나 결혼 적령기의 여자가 부족하다. 특히 전문 인력이 고향을 떠나는 것은 동독의 고질적인 현상인데, 이는 동독의 경제적 번영을 막는 주요 원인 중의 하나이다.

셋째, 고향을 못 떠나는 사람들은 외지인 특히 외국인을 혐오한다. 독일 선제의 외국인 비율은 9%이고 동독은 2%이다. 이 수준이면 서독의 농촌에 거주하는 외국인 비율과 맞먹는다. 동독에는 외국인도 없는데, 외국인 적대감만 고조되어 있다. 그런데 외국인에 대한 이 적대감은 기회만 주어지면 폭발할 가능성이 있고, 더욱이 주민들의 지원을 직간접적으로 받는 데서 그 위험성이 서독보다 더하다.

동독 지역은 실제 서독 지역에 비해서 상대적으로 가난하다. 이 가난이 동독 전체 이미지를 규정한다고 해도 과언이 아니다. 동독인들이 고향을 떠나 타향에서 일자리를 찾으려고 하는 것도 가난과 연관이 있다. 또 외국인 적대감도 가난과 연관이 있다. 앞에서 보았듯이 가난한 사람들이 상대적으로 외국인에 대해서 적대감을 더 많이 갖고 있다. 그 상대적 빈곤함이 동독인의 문화적 사회적 정치적 의식을 결정하는 데 주요한 역할을 한다. 예를 들어 동독의 과거에 대한 평가가 점차 긍정적으로 바뀌고, 연방정부에 대한 불신이 커지며, 동독 공산당 후신인 좌파당이 동독 전역에서 제1당이 된 것이 그것이다.

동독인들의 평균 임금은 오늘날 서독인의 83%로서 서독인에 비해서 낮은 편이다. 부동산, 예금 등 고정 자산도 서독인보다 적다. 이들에게 작은 위안은 물가가 상대적으로 싸서 실질 임금이 서독 임금의 90%에 달한다는 것이다. 통일 후의 동독인들이 겪는 가난 문제를 따지다 보니 통일 후 서독에서도 빈곤층이 늘어난다는 것을 알 수 있었다. 그뿐 아니라 독일 사회의 든든한 버팀목인 중산층도 불안해하고 있다. 자신의 사회적 지위를 더 유지할 수 없을 것이라는 두려움 때문이다. 그 두려움의 상당한 부분은 통일에서 유래한다. 이들 중산층은 통일 부담금을 직간접적으로 상당히 많이 지불했고 앞으로도 그래야 하기 때문이다. 하류층은 세금 낼 돈이 없고 상류층은 소득에 비해서 세금 부담률이 상대적으로 낮아서 국가 빚의 상당한 부분을 중산층이 두고두고 갚아야 한다.

더욱이 중산층의 미래에 든든한 기반이었던 사회안전망이 많이 축소되었다. 연금 분담금을 꼬박꼬박 부어도 연금이 별로 늘지 않을 것이다. 연금의 실질 수령액을 따지면 아버지 세대보다 줄어들 가능성도 있다. 그 외에도 하류층의 사회안전망 분담금을 떠맡아야 한다. 의료보험료, 실업보험금 등도 자꾸 높아진다. 이것의 상당한 부분은 통일의 대가이다. 그래서 독일 통일을 두고 서독의 복지를 포기하고 얻은 것이라는 말이 나오는 것이다.

동독 사람들은 그들이 생산해 낸 것 이상으로 복지를 누리고 살았다. 울브리히트를 내쫓고 동독 권력을 거머쥔 호네커는 동독인의 복지를 향상시켜 서독의 자본주의와 경쟁했기 때문이다. 그래서 동독 정부는 외국으로부터 많은 차관을 들여와 동독인들의 생활 수준을 높혔다. 거기다 동독인들은 자본주의 생리를 몰라서 통일만 되면 복지가 그냥 굴러들어 오는 줄 알았다. 동독 사람들이 통일에 대해서 크게 실망하고 심리적으로 뒤틀린 데에는 사회주의가 만들어낸 '사회주의 심성'도 한 몫을 한다. 무슨 일은 독자적으로 하지도 않고 책임도 지지 않으면서 불평불만을 주로 하는 것을 두고 하는 말이다.

사회주의 치하에서 개인이 따로 노력을 해도 아무 소용도 없다. 아무런 이득도 인정도 받지 못하다 보니 결과적으로 수동적인 인간이 된 것이다. 그래서 폴란드의 정치학자 마코프는 자신에게 필요한 이익만 취하고 복지부동하는 것을 '사회주의적 인간형'이라고 한다.

동독의 문제에서 가난만큼 큰 문제가 서독으로의 인구 이동이다. 통일된 지 20년이 지났음에도 여전히 사람들이 서쪽으로 떠난다. 동독 지역 내에서만 보면 작은 도시의 사람들이 일자리 시장이 나은 대도시 부근으로 이동한다. 이런 인구 이동은 동독 내의 많은 지역의 공동화 현상으로 이어질 것이다. 많은 지방 자치단체는 재정난으로 병원, 학교, 대중교통 등을 운영하기 힘들게 될 것이다. 예산을 아끼려고 행정 구역을 축소해 나가는 지역이 적지 않다. 그렇지만 이렇게 사람이 계속해서 고향을 떠나고 나이든 사람들이 세상을 떠나면, 작은 도시들은 폐허로 바뀔 가능성이 크다. 지금도 도시의 중심부를 약간만 벗어나면 빈집들만 덩그라니 남은 암흑 천지를 볼 수 있다. 결국 동독의 많은 지역에는 도시화 이전의 원래 주인인 짐승과 초목이 되돌아 올 것이다.

독일 전체적으로 보면 서독인의 경우는 30여 년 전부터 이동을 하고, 동독의 경우는 통일 이후, 즉 20년 전부터 이동을 하고 있다. 크게 보면 동독인들은 서쪽으로 이동을 하고, 서독인들은 남쪽과 북쪽으로 이동을 한다. 일자리가 많은 지역으로 이동을 하는 것이다. 이른바 '게르만족의 대이동'이 다시 시작된 셈이다. 경제 사정이 좋은 함부르크, 뒤셀도르프, 프랑크푸르트, 슈투트가르트, 뮌헨을 축으로하는 이른바 'C'자 모양의 반원 지역으로 대이동을 하고 있는 중이다.

통일 이후부터 지금까지 벌어지는 일련의 외국인 테러는 끔찍한 사건이다. 그 희생자들뿐 아니라 동독의 이미지에도 치명적이다. 외국 기업들이 동독에 투자를 하지 않는 이유 중 하나가 동독 지역에 만연한 외국인 적대감정 때문이다. 다른 나라에도 서독에도 외국인 테러가 있다. 하지만 동독의 경우는 주민의 지원을 받은 상태에서 벌어진다. 거기다 사건이 터진 후에도 공개 토론회나 사회 교육을 통한 재발 방지책에도 미온적이다.

사건이 나면 단순 폭행사건으로 무마하기에 급급하다. 사건을 축소하고 극우파의 소행이라는 것을 덮어 버리려는 것이 동독에서의 지금까지 사건 접근 방식이었다. 이것은 서독의 처리 방식과 완전히 대비된다. 서독에서는 이를 공개하고 각종 토론회 등을 통해서 사회 교육의 기회로 활용하여 재발하지 못하는 장치를 마련하기 때문이다. 동독인들은 동독 시절에는 외국인과의 접촉이 거의 없었다. 그래서 외국인을 어떻게 대해야 되는지도 잘 모르는 경우가 많다. 극과 극으로 나타나는 경우가 흔하다. 즉 아주 정중하지 않으면 폭력적이다. 또 외국인, 특히 이른바 유색인을 대할 때 그러하다. 우리 한국인들도 운이 나쁘면 불행한 일을 당할 수 있다.

동독 인종주의의 특징은 서독과는 달리 주민들의 집단적 지지를 받는 가운데에 이루어진다. 그래서 사건 후에도 증인을 찾기도 쉽지 않다. 그리고 동독인들의 일부는 이런 테러 행위를 통해서 자신들의 정체성을 확인하고 있다. 이런 전 근대적 집단주의 성격이 동독 지역에서 쉽게 발견된다고 말할 수 있다. 그것은 히틀러 독재 시대를 거쳐 바로 동독 공산당의 독재 치하에서 살았기 때문이다. 동독인들은 한 번도 시민 혁명이라거나 비판적 분위기에서 살아본 적이 없다. 이런 이유에서 자신들의 테러 행위에 대한 반성도 약할 수밖에 없는 것이다.

레세니히와 눌마이어가 몇년 전에 《양분화되는 독일 사회》라는 제목의 책을 펀찬 출간했다. 독일 사회는 지금까지 그 어떤 나라보다도 사회적으로 안정되고 합의 도출 가능성이 높았는데, 지금은 점차 양극화 사회로 되어 가고 있다는 것이다. 즉 가난한 자와 부유한 자, 취업자와 실업자, 배운 자와 못 배운 자, 내국인과 외국인, 남부 독일과 북부 독일, 동독과 서독 등으로 점차 양극화되어 가고 있다는 것이다. 편집자는 모두 17개의 기준을 가지고 독일 사회가 점차 양분화되어 가고 있다는 주장을 하고 있다.

그런데 필자는 그들의 주장에 동의하면서 지역으로 그 '분단 상황'을 그려 보고자 한다. 동서독 상관없이 남북간의 격차가 있다. 서독의 경우도 남쪽에 부자 주인 바이에른과 바덴-뷔르템베르크가 있고 북쪽에는 가난한 니더작센, 홀슈타인 그리고 노르트라인-베스트팔렌주가 있다. 동독의 경우도 남쪽에, 비교적 부유한 작센과 튀링겐이 있다. 그리고 가난한 작센-안할트와 메클렌부르크-포어포메른주가 있다. 그것뿐이 아니다. 동서독 간의 차이도 있다. 그것은 동독과 서독 간의 차이이다.

서독으로 간 동독인들은 아무 불평없이 동화되어 잘살고 있다. 동쪽으로 온 서독인들은 동쪽의 특이한 상황에 대해서 비판을 가한다. 그러니까 지역적으로 보면 독일은 남북, 그리고 동시에 동서로 나뉘어져 있다고 할 수 있다. 특히 동서독 갈등은 문화적 갈등과 연결되어 당분간 해결되지 않을 것이다. 통일의 주역들은 이제는 연금 생활자가 되었고 2세대는 동독을 체험하지 못했다. 그런데 이들은 집에서 또 학교에서 '동독 출신'의 교사들로부터 과거 회귀적 교육을 받았다. 이들 젊은 교사들과 가정 교육을 담당하는 사람들이 미치는 영향력이 더 줄어들기 위해서는 시간이 좀더 걸릴 것이다. 적어도 3세대까지는 계속될 것이라는 것이 필자의 생각이다.

독일에서 가장 유력한 일간지인 남독신문 기자들이 통일 20주년을 맞아 동독 지역을 방문했다(seuddeutsche.de, 2010. 9. 12). 여러 명의 기자들이 동독으로 가서 통일 후 그곳이 어떻게 변했는가를 직접 체험해 보고 독자들에게 그들의 인상을 전달하고자 했다. 이들은 역시나 동독의 인구 감소에 충격을 받았다. 도시의 중심부만 조금 벗어나면 '폐허의 도시'처럼 보인다. 낮에는 노인들과 그들의 애완견이, 밤에는 불 꺼진 건물이 동독의 하루를 채운다.

또 다른 하나는 통일 후의 폐허에서 일어나는 산업을 다루었다. 동독은 임대료가 많이 싼 편이다. 그래서 서독의 예술가들이 동독으로 이주를 하여 문화활동을 하여 체험의 기회가 많아졌다는 것이다. 그리고 바와 식당도 생겨나 생활 문화 공간이 풍요로워졌다는 것을 지적했다. 다만 빈민층이 많고 노인들이 많아 이를 즐길 사람들이 제한되어 있다고 했다.

마지막으로 동독에서의 삶을 '빈 공간의 사치와 그 어려움'으로 규정했다. 즉 사람도 떠나고 공장도 문을 닫아 텅빈 곳이 많다. 이렇게 넓은 공간에서 싼 임대료를 주고 사는 것은 서독의 경우는 불가능한데, 이런 삶이 사치스럽기도 하고 힘들기도 하다고 서술했다.

독일 통일의 장점과 단점은 동시에 존재한다. 동독의 경우, 경쟁력과 생산력의 발전에 있어서는 동유럽 국가를 능가했다. 일부 지역은 서독과 유사할 정도로 경제 사정이 좋다. 그럼에도 동독이 전체 산업 생산에서 차지하는 비중은 10%로 여전히 낮다. 공공 예산뿐 아니라 개인의 생활도 서독에서의 보조금에 예속되어 있다. 이런 객관적 사실보다 더 어려운 문제는 많은 동독인들의 심리 문제이다. 실망감에서 의지력이 사라지고 만사를 부정적으로 보는 경향이 있다. 이런 심리적 부담과 사회주의 심성을 벗어나는 것이 그 어떤 것보다 더 급한 일일 것이다.

참고문헌

김홍수, 〈불이 독 못 이기는 이유〉, 조선일보, 2010. 9. 6.
이기식, 《독일 통일 15년의 작은 백서》, 고려대학교출판부, 2008.
이태욱, 《두 개의 독일, 독일 통일과 경제 사회적 부담》, 삼성경제연구소, 2001.
Berlin-Institut für Bevölkerung und Entwicklung(Hg.), *Die demografische Lage der Nation. Wie zukunftsfähig sind Deutschlands Regionen?*, München : 2006.
Jens Bisky, *Die deutsche Frage. Warum die Einheit unser Land gefährdet*, Berlin : 2005.
Markus Decker, Heimatlos im Luchtland. Eine protestantische Pfarrersfamilie auf unfreiwilliger Wanderschaft zwischen Ost und West, in: Hrsg. Von Wilhelm Heitmeyer, *Deutsche Zustände*, Frankfurt Main : folge 7, 2009.
Der Spiegel / Spiegel on line.
Die Zeit.
Focus, 2010. 2. 1.
Frankfurter Allgemeine Zeitung[FAZ]
Rainer Geißler, *Die Sozialstruktur Deutschlands*, Bundeszentrale für politische Bildung Schriftenreihe Band 384, 2002.
Wilhelm Heitmeyer(Hg.), *Deutsche Zustände*, Frankfurt am Main : 2009.
Leipzig Volkszeitung[LVZ].
Stephan Lessennich, Frank Nullmeier(Hg.), *Deutschland–eine gespaltene Gesellschaft*, Frankfurt/New York : 2006.
Uwe Müller, *Supergau. Deutsche Einheit*, Reinbek bei Hamburg : 2006.
Klaus Schroeder, *Die veränderte Republik. Deutschland nach der Wiedervereiniguns*, München : 2006.
Daniel Sorg, *Die ökonomische Wiedervereinigung*, München und Ravensburg : 2005.
Sozialreport 2008. Daten und Fakten zur sozialen Lage in den neuen Bundesländern, Erarbeitet vom Sozialwissenschaftlichen Forschungszentrum Berlin-Brandenburt e.V. im Auftrag der Volkkssolidarität Bundesverband e.V., Berlin Dezember : 2008.
Gabor Steingart, *Deutschland. Der Abstieg eines Superstars*, München : 2004.
Sueddeutsche. de.
Süddeutsche Zeitung[SZ].
Süddeutsche Zeitung Magazin, 30. Juli 2010(www.mz-web.de, 2009. 7. 20).

독일 통일 20년

초판발행 2011년 8월 25일
초판 3쇄 2014년 11월 13일
지은이 이기식
펴낸곳 고려대학교출판부
www.kupress.com
kupress@korea.ac.kr
136-701 서울특별시 성북구 안암동
02-3290-4230, 4232
Fax 923-6311
찍은곳 (주)동화인쇄공사

ISBN 978-89-7641-742-8 03300
값 9,000원